AMRA

Henry Ford in seinem Quadricycle (1896-1901), mit dem alles begann und von dem drei Stück hergestellt wurden.

HENRY FORD

im Gespräch mit Ralph Waldo Trine

DER WAHRE GRUND FÜR REICHTUM

Erkenntnisse über Erfolg, Gesundheit, Wiedergeburt und innere Kraft

Mit einem Nachwort von Charles S. Braden

Aus dem Amerikanischen von

Helge Friedrichsen & Miriam Mabée

AMRA

Brandheiße Infos finden Sie regelmäßig auf:
www.facebook.com/AMRAVerlag

Besuchen Sie uns im Internet:
www.AmraVerlag.de

Amerikanische Originalausgaben:
The Power That Wins. Henry Ford and Ralph Waldo Trine in An Intimate Talk & A Brief History of the New Thought Movement

Eine Klassiker-Edition im AMRA Verlag
Auf der Reitbahn 8, D-63452 Hanau
Telefon: + 49 (0) 61 81 – 18 93 92
Kontakt: Info@AmraVerlag.de

Herausgeber & Lektor	Michael Nagula
Umschlaggestaltung	Guter Punkt
Satz & Layout	Birgit Letsch
Druck	CPI books GmbH

ISBN Printausgabe 978-3-95447-165-2
ISBN eBook 978-3-95447-166-9

Das Cover zeigt Henry Ford in einem Anzug aus Soja.
Die Erstausgabe der Gespräche erschien 1928 in den USA, mitten zwischen den beiden Weltkriegen. Sie sind ein flammendes Plädoyer dafür, wie alle in Frieden und Reichtum leben können.
Das Nachwort wurde dem Buch *Spirits in Rebellion* entnommen.

»Je weiter wir kommen,
desto reicher und vollkommener
wird das Leben.«

Henry Ford

Inhalt

»Der Mensch ist immer dann frei und groß,
wenn er das, was er ist, von Natur aus ist und
wenn er dabei nicht an andere erinnert,
wenn er Hirn, Herz und Hand ganz
an sein Werk hingibt
und in ihm sich selbst verwirklicht.
Er weiß dann, dass alle Kraft in ihm ist,
dass die Macht seines Geistes nicht auf den Umkreis
des Körpers beschränkt ist und dass die Wirkung seines
schöpferischen Denkens, Glaubens und Wollens
bis zu den Sternen reicht.«

Ralph Waldo Emerson

Wirtschaftsführer und Lebenslehrer

Die Wahrheit der folgenden Worte von Prentice Mulford haben wohl selten zwei Männer bei ihren Gesprächen so lebendig erfahren wie Ralph Waldo Trine und Henry Ford:

> »Wenn zwei Menschen sich in regelmäßigen Abständen mit lichten Sinnen über die Schönheit und Weisheit des Lebens und die Möglichkeiten des Geistes unterhalten und dabei die Tore der Seele weit öffnen, bereit, von der höchsten Weisheit Inspirationen zu empfangen, um das, was sie bejahen, im Geiste gegenseitiger Förderung zu realisieren, stehen sie am Ende des Jahres vor den Wirkungen dieser Stunden wie vor Wundern aus dem Märchenreich.«

Der Lebensphilosoph Ralph Waldo Trine (1866-1958) war einer der führenden Köpfe des von Ralph Waldo Emerson begründeten Transzendentalismus Neu-Englands und Pionier einer neuen dynamischen Denk- und Lebensweise.

Professor Charles S. Braden nennt Trine in seinem grundlegenden Werk *Spirits in Rebellion* (Dallas 1963) den meistgelesenen und prominentesten Vertreter der Bewegung des Neuen Denkens:

> »Kein Werk hat größere Verbreitung erlangt als sein Lebensbuch *In Harmonie mit dem Unendlichen*, dessen englische Ausgabe eine Auflage von anderthalb Millionen erreichte. Es wurde in mehr als zwanzig Sprachen übersetzt und erzielte auch in diesen Ausgaben hohe Auflagen. Dieses und seine anderen Lebensbücher trugen dazu bei, weite Kreise mit der neuen Denkweise vertraut zu machen, weil Trine es verstand, mit einfachen Worten überzeugend darzulegen, dass der Geist das Primäre ist, dass Gedanken sich verwirklichen, dass alles aus dem Unsichtbaren ins Sichtbare hinauswächst, dass hinter allem Geschehen als steuernde Kraft ein göttlicher Wille waltet und dass das Geheimnis eines glücklichen und reichen Lebens in der Harmonie des menschlichen Willens mit dem All-Willen liegt.«*

Der Wirtschaftsführer Henry Ford (1863-1947) war nicht nur der erfolgreiche Erfinder und Konstrukteur, Geschäftsmann und Wirtschaftspionier und Begründer der größten Automobilfabrik der Welt mit angeschlossenen Schiffswerften, Traktoren- und Flugzeugfabriken, als den die Welt

---

* Das genannte Buch von Ralph Waldo Trine, *In Harmonie mit dem Unendlichen*, ist – solange der Vorrat reicht – in einer deutschen Neuausgabe erhältlich auf www.AmraVerlag.de.

ihn heute kennt. Er war darüber hinaus ein Philosoph der Arbeit und des »Verdienens durch Dienen«, ein Lebensbejaher und Philanthrop, dem, wie seinem Freund Trine, die Erneuerung des Menschen und der Menschheit vom Geist her am Herzen lag.

Beide, Trine wie Ford, wandten sich früh der Technik zu: der eine der seelisch-geistigen Technik und Dynamik, der andere der Auto- und Maschinentechnik. Sie wurden durch die Übereinstimmung ihrer Ideen zusammengeführt und zu lebenslangen Freunden. Beide bejahten die gleichen Grundwahrheiten des Lebens und versuchten der Umwelt klar zu machen, dass die von ihnen erzielten Fortschritte und Erfolge im Bereich des Geistes wie der Wirtschaft jedem offenstehen, der die Gesetze des Lebens erkennt und befolgt.

Beide haben den Gedanken erfolgreicher Daseinsmeisterung nach der seelisch-geistigen wie nach der technisch-praktischen Seite zu einer Lebenskunst weiterentwickelt, deren Regeln sich jeder zu seinem Vorteil dienstbar machen kann. Beide verhelfen dem, der sich mit dem Neuen Denken vertraut macht, zu der befreienden Einsicht, dass die Schöpferkraft der Ideen sich segenbringend entfaltet und auswirkt, wo immer sie den Ausgangspunkt mutigen Handelns und allgemein-nützlicher Fortschritte und Produkte bildet.

Auf biografische Einzelheiten wird hier verzichtet, da es nur um die Aufzeichnung dessen geht, was beiden gemeinsam ist: um ihre erfahrungsgeborene These von der Macht positiven Denkens und der allverwandelnden Kraft gläubiger Bejahung.

In Übereinstimmung mit der lebenspraktischen Lehre Jesu – »Alles ist möglich dem, der da glaubt« – vertreten beide die gleiche Wahrheit:

> »Der Glaube ist Fundament, Auslöser und Substanz der Dinge, die wir ersehnen, erhoffen und erstreben – der Schlüssel zur sichtbaren Verwirklichung des Unsichtbaren.«

Beide lehren, als Real-Idealisten, die Einheit des Lebens und werten den Menschen als individuelle Offenbarung des Geistes des Lebens, als Träger schöpferischer Potenzen, von denen bisher erst ein winziger Bruchteil zur Entfaltung gelangte.

Und beide handelten zeitlebens nach dem Grundsatz aller fortschrittbejahenden und erfolgreichen Menschen:

> »Alles, was ist und geschieht, lässt sich noch besser machen, als es bisher gemacht wurde. Wer sein Denken und Handeln darauf einstellt, gelangt mitten in den Strom des Lebens, der sein Werk und ihn selbst immer rascher voranträgt.«

Demgemäß zielten beider Gedanken, Worte und Werke auf die Erreichung eines optimalen Nutzwerts und auf ein Höchstmaß an Dienstleistung:

- Trine erreichte das durch die positiv-dynamischen Impulse, die er durch seine Lebensbücher spürbar auf die Leser übertrug, die sich ihrerseits angeregt fühlten, ihr eigenes

Leben mit einem neuen Geist zu erfüllen und es durch ihr mutiges JA erfolgreicher als bisher zu meistern.

- Ford erstrebte durch planvolle Sorge für bestes Material und gediegene Ausführung, Einfachheit der Konstruktion und höchste Zuverlässigkeit seiner Wagen ein Höchstmaß an Dienstleistung. Infolgedessen konnte er jedes neue Modell so preiswert anbieten und liefern, dass seine Konkurrenten mehr als einmal triumphierten: »Wenn Ford das macht, ist er in sechs Monaten pleite.« Aber entgegen ihren Voraussagen wuchsen seine Umsätze so rasch, dass er sein Unternehmen laufend vergrößern und die Zahl seiner Mitarbeiter vervielfachen musste, um den anschwellenden Bedarf zu befriedigen.

Das war möglich, weil er die Kunst der Rationalisierung meisterte und zugleich seine Mitarbeiter nach der Goldenen Regel so behandelte, wie er selbst gern behandelt werden wollte, ihnen höchste Löhne zahlte und durch sein Vorbild bewirkte, dass alle mithalfen, immer neue Verbesserungen herauszufinden, immer Vollkommeneres zu leisten und so mit dem Fortschritt des Unternehmens zugleich den eigenen Erfolg zu fördern. Sie realisierten damit ihrerseits das, was Ford zum Ideal erhoben hatte:

> »Unsere Arbeit und Leistung ist das produktive Element, das mit dem Unternehmen auch uns selbst voranträgt – um so mehr, wenn jeder die anderen Mitarbeiter in sein Erfolgsdenken mit einschließt. Ein so geführtes Unternehmen wird ständig wachsen und florieren und zugleich Wohlstand und Wohlergehen aller sichern, die in ihm mitarbeiten.«

Beiden, Trine wie Ford, ist ein ausgeprägter Sinn für das Lebenspraktische und Höherführende gemeinsam:

- Trine war stets darauf bedacht, die lebensphilosophischen und tatreligiösen Wahrheiten so aufzuzeigen, dass sie zu produktivem Denken, mutiger Selbst- und Lebensbejahung und zu einer Daseinsgestaltung anregen und verhelfen, die gleichermaßen dynamische Selbstverwirklichung und beglückende Sinnerfüllung des Lebens bedeutet.
- Ford wiederum erkannte schon früh den mit der üblichen Arbeitsweise verbundenen Leerlauf und die Notwendigkeit rationellen Wirkens mit dem Ziel, bei abnehmender Mühe zunehmend mehr zu erreichen und für alle Nützliches zu vollbringen.

Beide gingen, wenn sie einen neuen Gedanken verwirklichen wollten, ein neues Buch oder ein besseres Auto zum Ziele hatten, in gleicher Weise vor: von der Grundidee her skizzierten sie zunächst einen exakten Plan dessen, was Wirklichkeit werden sollte. Diesen Plan bauten sie dann in allen Details, auch mit Blick auf die erforderlichen Mittel und Materialien, weiter aus. Darauf folgte die zeitliche Festlegung der einzelnen Arbeitsgänge und anschließend die Ausführung selbst, die von Etappe zu Etappe von der mutigen Bejahung des Enderfolgs begleitet wurde, bis das Ziel erreicht war.

Dabei sahen beide das Wesentliche ihres Werkes nicht in dem dadurch erzielten Gewinn, sondern im schöpferischen Tätigsein selbst und vor allem in der Dienstleistung – also in der bestmöglichen Realisierung eines allgemein nützlichen Gedankens und in der Vervielfachung des so Bewirkten, damit es möglichst allen zugute kommt.

Gemeinsam war ihnen dabei auch die Einstellung zum Geld.

Geld und Besitz sind nach Trine noch keine Garanten für Wohlergehen und Fortschritt der Menschen. Ihr positiver Wert hängt davon ab, was der Mensch aus ihnen macht.

Ford sah demgemäß zwei Arten von Narren:

> »... den Millionär, der meint, durch das Zusammenraffen von viel Geld Macht und Glück zu gewinnen, und den mittellosen Revolutionär, der wähnt, die Übelstände in der Welt beseitigen zu können, indem er einer Klasse das Geld nimmt, um es unter einer anderen Klasse zu verteilen.«

Beide sehen den eigentlichen Quell des Reichtums im Menschen selbst, der ihn durch rechtes Denken und Handeln in sich und um sich zum Fließen bringt. Dabei sind nicht die materiellen Mittel ausschlaggebend, sondern der Geist: Er allein ist schöpferisch und Garant eines besseren Lebens und einer schöneren Zukunft in Frieden und Freiheit für alle.

Wer zuerst an Geld und Besitz denkt und in zweiter Linie an die Arbeit, der erschwert sich den Weg zum Erfolg. Weiser handelt, wer die Arbeit und damit die Dienstleistung voranstellt und freudig sein Bestes gibt, weil dann Erfolg und Fülle von selbst nachfolgen.

Das Geld strömt wie das Blut dorthin, wo es benötigt wird, um das Gedeihen des Ganzen zu fördern. Hingegen ist Gier nach Geld das sicherste Mittel, den Strom des Lebens und der Fülle zum Stocken zu bringen. Im Leben kommt der am besten voran, der mit seiner schöpferischen Arbeit und den Früchten seines Wirkens dem Ganzen am besten dient.

Trine und Ford haben die Erkenntnis, dass Dienstleistung und gegenseitige Hilfe die beste Selbsthilfe ist, in ihren Konsequenzen durchdacht und befolgt. Sie lehrten und demonstrierten den Segen des Gebens – sei es durch ihr Werk, sei es in anderer Form, etwa durch Förderung gemeinnütziger ethischer und geistig-religiöser Einrichtungen und Werke.

Hingegen hielten beide wenig von der berufsmäßig betriebenen Wohltätigkeit, durch die die natürliche Bereitschaft der Menschen zu gegenseitiger Hilfe kommerzialisiert und die Selbstachtung der Empfänger geschmälert wird. Die weithin unproduktive Wohltätigkeits-Organisation hat nur so weit Wert, als sie durch aktive Mithilfe an der Schaffung gesunder sozialer Verhältnisse sich selbst überflüssig macht. Wirklich fördernswert ist hingegen alles, was die Menschen zu schöpferischem Selbstdenken und mutigem Selbstvertrauen, zur Lebensbejahung und Aktivierung aller positiven Kräfte und Fähigkeiten veranlasst, ihnen also hilft, sich selbst zu helfen, auf eigenen Füßen zu stehen, und durch eigene Arbeit stärker und größer, gesunder und tüchtiger, erfolgreicher und vollkommener zu werden.

Verständlich darum, dass beide betonen, dass Armut nicht sein müsse:

Sie werten Mangel und Armut als Folge von Denkfehlern beim Einzelnen und von Organisationsmängeln in der Gemeinschaft.

Der Reichtum der Natur ist so groß, dass für alle genug da ist und niemand zu gieren, andere zu beneiden, sie gar zu hassen, zu übervorteilen und zu bekämpfen braucht.

Auswirkung solchen falschen Denkens, Neidens und Hassens sind Streit und Krieg der Einzelnen wie der Völker. Jeder Krieg ist ein Anachronismus, weil er das Leben und Zusammenleben der Menschen und Völker in Chaos und Elend stürzt. Darum sollte jeder auf der Seite des Friedens stehen und sich für die Erhaltung des Friedens als Voraussetzung des Wohlergehens aller einsetzen.

Beide, Trine wie Ford, haben folgende Sichtweise auf den Krieg:

> »[Er ist ein] künstlich geschaffenes Übel, das von an der Not der Menschen und Völker Interessierten und Profitierenden bewusst und planmäßig herbeigeführt wird – durch Schürung von Argwohn und Misstrauen, durch Herabsetzung anderer und durch politische Hetze, bis Hass und Zank so weit gediehen sind, dass die Drahtzieher darangehen können, auf Kosten von Millionen gegeneinander Gehetzter ihre makabren Kriegsgeschäfte zu betreiben …«

Hier gilt es, den Anfängen zu wehren und allen bewusst zu machen, dass sie nur im Frieden gedeihen und dass jeder durch Bejahung des Friedens in Gedanke, Wort, Schrift und Tat seinen positiven Beitrag leisten kann zur Sicherung des Friedens und Wohlergehens aller.

Noch eines ist beiden, Trine wie Ford, eigen: Sie wenden sich vor allem an junge Menschen, um ihnen zur Selbstbesinnung und zu einem neuen Denken zu verhelfen, zur Erkenntnis ihrer Stellung im Leben und zu optimaler Entfaltung und positiver Nutzung ihrer reichen, größtenteils noch unentfalteten Kräfte und Fähigkeiten.

Junge Menschen, sagen sie, sind noch nicht mit alten Denkgewohnheiten belastet, sondern noch für eine neue Lebenssicht und Lebenshaltung aufgeschlossen. Sie geraten andererseits, wenn sie mit dem Leben zusammenstoßen, noch leicht aus dem Gleichgewicht und möchten dann am liebsten die alte Ordnung beseitigen und eine neue gründen. Dabei erleben sie naturgemäß Enttäuschungen, die sie andererseits wieder für dic Einsicht aufgeschlossener machen, dass es schließlich doch besser und leichter ist, ohne Vorurteile, Voreingenommenheiten und Verneinungen auf dem Vorhandenen auf- und weiterzubauen, um so das Bessere zu schaffen.

Die Welt ist weder so schlecht, dass man sie zertrümmern müsste, um eine bessere zu errichten, noch ist sie so gut, dass man auf Fortschritte und Neuerungen verzichten kann. Sie ist vielmehr das, was wir Menschen durch unser Denken und Handeln aus ihr machen. Und sie ist genauso wie der Mensch auf fortschreitende Vervollkommnung angelegt und bietet eben darum jedem jungen Menschen ein weites Betätigungsfeld.

Das gilt, wie wiederum beide betonen, nicht minder für die Älteren. Das sogenannte »Pensionierungsalter« von fünfundsechzig Jahren ist eine völlig willkürliche Grenze, die man nicht beachten sollte.

Das Leben ist nämlich eine Reise ohne Aufenthalt. Wer glaubt, sich »zur Ruhe gesetzt zu haben«, verharrt nicht in Ruhe, sondern gleitet von da an abwärts.

Das Leben ist in ständigem Fluss. Jeder Tag, jedes Jahr kann darum ein neuer Anfang sein, weil der Mensch – jeder Mensch – die Möglichkeit hat, durch Erneuerung seines Denkens neue Kräfte und Talente aus sich zu entfalten und Größeres als bisher zu leisten.

Letztlich sehen beide, Trine wie Ford, im Denken das interessanteste fortschrittverbürgende Experiment, mit dem wir uns befassen können, weil es, bewusst betrieben, ständig neue Möglichkeiten erschließt.

Die Zeit, die einer zur Gewöhnung an richtiges, positivdynamisches Denken nützt, zur Steigerung seines Selbstvertrauens und Lebensmuts, ist die bestangewandte Zeit seines Lebens, weil diese Gewöhnung ihn zum Herrn seiner Zeit und der Umstände macht. Dem schöpferisch Denkenden fliegen die Ideen von allen Seiten zu und machen ihm bewusst, dass der Mensch viel reicher ist, als er weiß, und weit mehr kann, als er ahnt, und dass er in Wahrheit bis ans Ende ständig wächst und immer schöpferischer wird. Er darf nur nicht Geist und Gehirn einschlafen lassen und meinen, er sei irgendwann »fertig«, denn dann wird er vom Leben abgefertigt und aus dem Verkehr gezogen.

Ebenso braucht niemand ängstlich oder neidisch auf andere zu blicken, die vermeintlich mehr können oder es besser haben. Jeder Mensch ist Träger besonderer, nur ihm eigener Kräfte und Vermögen. Jeder sollte und kann darum seinen eigenen Weg zum Reichtum des Lebens finden und gehen. Jeder kann sich durch Entfaltung seiner eigenen Kräfte und durch nur ihm mögliche Leistungen als lebenstüchtig, als Lebensmeister erweisen und durchsetzen.

Immer noch führt alles, was einer mit gläubiger Erfolgsbejahung ernstlich, in ehrlicher Arbeit, unbeirrt und unermüdlich anstrebt und verfolgt, zum Erfolg. Wer so denkend vorgeht, hat keine Angst mehr – weder vor Schwierigkeiten noch vor Verlusten, noch vor Mangel oder vor den größeren Aufgaben der Zukunft. Er weiß sich in einem universalen Lebensprozess ewig fortschreitender Vervollkommnung und wachsender Fülle, an der er in dem Maße teilhat, als er sein Denken und Wollen, die Schöpferkraft seines Geistes darauf konzentriert.

So sind beide, Trine wie Ford, gleichermaßen Künder und Betätiger zeitloser Lebenswahrheiten. Dabei ist das, was sie in den folgenden vier Gesprächen aussagen, eben das, was im Grunde jeder tief innerlich als richtig und wahr empfindet, ohne es vielleicht deutlich aussprechen zu können.

Darum sind ihre gemeinsam geäußerten Gedanken es wert, hier als positive Tat-Impulse erneut vermittelt zu werden, wobei das Wesentliche klar hervortritt: die dynamische Selbst- und Lebensgestaltung als erster Schritt in das neue Leben, das ständig höher führt.

In diesem Sinne grüßt Sie,
Ihr Karl Otto Schmidt

Vier Gespräche mit Henry Ford

aufgezeichnet von Ralph Waldo Trine

Die Grundsteinlegung der Ford-Werke in Köln am 2. Oktober 1930 durch Oberbürgermeister Konrad Adenauer.

KRAFT VON INNEN

Beim Besuch Henry Fords in Dearborn, einem Stadtteil von Detroit, dem Sitz des River-Rouge-Werkes, in dem die Serienproduktion ihren Anfang nahm, gab Ralph Waldo Trine seiner Freude über die weite Verbreitung seines Hauptwerks *In Harmonie mit dem Unendlichen* Ausdruck.

TRINE: Vor vier Wochen lernte ich Douglas Fairbanks in Hollywood kennen, als dort eines meiner Bücher verfilmt wurde. Bei der Begrüßung fragte ich ihn, ob er mich kenne. »Und ob«, gab er zur Antwort, »sehen Sie hier Ihr Buch *In Harmonie mit dem Unendlichen* mit der eigenhändigen Widmung von Henry Ford, das dieser mir seinerzeit schenkte.«

FORD: Ich erinnere mich gut daran, dass ich Fairbanks das Buch schickte. 1914, als meine Mitarbeiter und ich hier an einigen schwierigen Problemen arbeiteten, haben Ihre Bücher mir sehr geholfen. Seitdem habe ich immer einen Vorrat davon in meinem Büro, um sie ausgewählten Mitarbeitern und Besuchern zu schenken, für die ich mir eine ähnlich gute Wirkung dieser Lektüre verspreche, wie ich sie an mir selbst erlebt habe.

TRINE: Es freut mich, das gerade von Ihnen zu hören, und es ermutigt mich zu einer Frage, die mit meinen Büchern in Zusammenhang steht: Die Welt kennt Sie als den Schöpfer eines grandiosen Werkes, eines der größten Unternehmen der Welt. Bei meinem Rundgang durch Ihre ausgedehnten Werkanlagen sah ich Abertausende ebenso emsig wie zielbewusst bei der Arbeit. Ich empfand es als bewundernswert, dass ein Mann wie Sie, der vor fünfundzwanzig Jahren sozusagen mit nichts anfing, ein solches Riesenwerk geschaffen hat. Die meisten würden es, vor eine solche Aufgabe gestellt, für menschenunmöglich erklären.

FORD: Nun, es stimmt ja auch nicht ganz, dass ich »mit nichts angefangen« habe. Schließlich fängt jeder Mensch mit all seinen Möglichkeiten an, und alle Erfolgswege der Welt stehen ihm jederzeit offen.

TRINE: So ist es in der Tat. Dabei erscheint der Umstand, dass Sie bei dem, was Sie mit Ihrem Werk für den Fortschritt der Menschheit geleistet haben, zugleich ein Millionenvermögen erwarben, den meisten wohl als das Augenscheinlichste und Bedeutsamste, während ich den durch das Schaffen ausgelösten Reichtum als selbstverständliche, aber unwesentliche Nebenerscheinung werte.

FORD: Genau das ist auch meine Meinung. Reichtum ist nichts als ein nützliches Handwerkszeug. Er ist gewissermaßen der Brennstoff, der den Ofen in Gang hält, oder der Treibriemen am Schwungrad – ein bloßes Mittel zum Zweck.

Trine: Diese Übereinstimmung unserer Auffassungen lässt mich zu einer Frage kommen, zu der ich gern gerade Ihre Meinung kennen lernen möchte: In einem meiner Bücher sage ich, dass wir »in dem Augenblick, da wir voll und ganz erkennen, wer und was wir sind, damit beginnen, unsere eigene Welt aufzubauen, wie es der Schöpfer tat«. Für mich gehören Propheten und Dichter genau wie die Erfinder und auch die Pioniere des Fortschritts alle der gleichen Menschenklasse an: Sie sind Seher, Vorausblickende des Kommenden. Ihnen eignet eine visionäre Schau des im Werden Befindlichen, ihr geistiger Horizont hat eine beträchtliche Weitung erfahren und umgreift Möglichkeiten, für die dem Alltagsmenschen noch das Verständnis fehlt.

Ford: Das ist richtig gesehen.

Trine: Und nun meinen viele, dass ihnen die Kraft dazu fehle. Hierüber würde ich gern Ihre Meinung hören: Gibt es, nach Ihrer eigenen Erfahrung, denn eine Kraft, die mächtiger ist als wir, eine Kraft, mit der wir in Kontakt kommen können? Halten Sie eine ständige Verbindung mit dieser übermenschlichen oder sagen wir *göttlichen* Kraft überhaupt für möglich? Haben Sie selbst bei Ihrem Wirken das Bewusstsein eines solchen Kontakts, oder bemühen Sie sich um eine solche Verbindung?

Ford: Ich kann diese sehr konkreten Fragen bejahen. Diese unsichtbare Kraft ist so existent wie alles, was wir um uns herum sehen. Sie ist Kern und treibende Energie alles Bestehenden. Was wir als Geist und Materie unterscheiden, ist – energetisch gesehen – eine Einheit, bildet gewissermaßen das lebendige All in seiner Ganzheit. Darum spreche ich auch nicht gern von »geistig« und »stofflich«, als wären das zwei getrennte oder entgegengesetzte Dinge. Sie sind als Träger und Äußerung der gleichen Kraft eins.

TRINE: Und wie kommen Sie mit dieser Kraft in Kontakt?

FORD: Um mit ihr in Fühlung zu kommen, muss man zuerst mit sich selbst ins Reine kommen, sich auf sich selbst besinnen und sich über den Sinn seines Daseins klar werden – nämlich das zu tun, wozu man sich befähigt fühlt und womit man möglichst vielen Menschen den größtmöglichen Nutzen bringt. Dieses rechte Denken, die rechte Einstellung zum Leben, ist der Schlüssel zur Kraft.

TRINE: Darf ich das als Antwort auf meine Frage nehmen?

FORD: Es ist erst der Anfang. Jeder Mensch erscheint uns als eine Welt für sich – und ist doch zugleich ein Teil des Ganzen, eine lebendige Zelle im All-Organismus, aus dem er dauernd unsichtbare Lebenskräfte, geistige Energien zu sich heranzieht, die seinen Körper aufbauen und sich bei allem, was er tut, mitwirkend manifestieren. Bei allem, was er denkt und anstrebt, wirken diese feinen Lebensenergien helfend und gestaltend mit.

TRINE: Und diese Hilfe …

FORD: … wird jedem um so spürbarer zuteil, je bewusster er im Leben das Rechte, das Gute anstrebt und tut. Und wie diese geistige Energie ihm helfend zuströmt, so strahlt sie auch mit jedem Gedanken von ihm aus – als Bote, der für ihn das sucht und ihm bringt, was er braucht.

TRINE: Sie berühren damit eine wesentliche Tatsache, die ich in meinen Lebensbüchern immer wieder betone: Die Richtung der Gedanken, die wir hegen, ist entscheidend für die Art der Wirkung und der Erfolge, die wir erzielen.

FORD: Durchaus. Von der Beschaffenheit, das heißt der positiven oder negativen Ladung unserer Gedanken hängt es ab, welche Wandlungen die so aktivierte geistige Energie bewirkt. So gesehen ist diese Kraft uns nicht fern und unzugänglich; sie ist vielmehr in jedem Umfang in uns – als innere Kraft. Wird das begriffen, setzt augenblicklich ein schöpferischer Aufbauprozess ein. Man spürt dann, wie die innere Kraft mit den Gedanken hinausströmt, Botschaften und Tat-Impulse vermittelt und den Aufbau dessen, woran man arbeitet und was man bejaht, fördert.

TRINE: Dann wäre das zweite Wichtige die Sorge für klare, konzentrierte positive Gedanken.

FORD: Ja. Sobald man etwas im Geist klar und deutlich vor sich sieht, beginnt es sich bereits zu gestalten. Die dadurch angeregten geistigen Energien wirken dann als Helferkräfte bei der Formgebung und Verwirklichung des innerlich Bejahten. Sich ein Ideal bilden und es greifbar – gleichsam als geistige Matrize – vor sich sehen ist praktisch wesenseins mit dem, was wir Glauben nennen. Sie kennen ja das Wort: »Der Glaube ist Kern und Wesen der unsichtbaren Dinge.«

TRINE: Natürlich. Ich schrieb es nieder als Ausdruck meiner innersten Überzeugung.

FORD: Die meisten Menschen müssen noch lernen, wie wesentlich der Glaube für die Sichtbarmachung des Unsichtbaren ist. Ich selbst sehe, wie gesagt, Sichtbares und Unsichtbares, »Geist« und »Materie«, als eins an. Ich werte den Menschen als Zellenstaat, in dem die innere Kraft nach den Weisungen des zentralen Selbst, der Seele des Ganzen, arbeitet. Man könnte das Selbst mit der Bienenkönigin vergleichen, die den ganzen Bienenstaat in Ordnung hält.

TRINE: Ein guter Vergleich, der bestätigt, was ich vorhin von den »Sehern« sagte, die über eine umfassendere und feinere Wahrnehmung verfügen, über einen höheren Bewusstheitsgrad und damit über ein Vermögen der Voraussicht des Kommenden, das bei den meisten noch nicht entfaltet ist.

FORD: Es ist eine Frucht der Erfahrung. Was manche für eine besondere Gabe oder für ein einmaliges Talent halten, ist meiner Oberzeugung nach das Ergebnis langer, in vielen Leben erworbener Erfahrung. Ich muss dazu anfügen, dass ich glaube, dass wir nicht nur einmal leben, sondern viele Male wiedergeboren werden und von Dasein zu Dasein immer mehr Erfahrung sammeln und speichern. Je mehr Leben wir hinter uns haben, desto mehr Wissen und Können ist uns eigen. Darum sehe ich in besonderen Gaben und genialen Fähigkeiten das natürliche Ergebnis von in vielen Erdenleben erworbener Erfahrung.

TRINE: Das würde dann ja bedeuten, dass der Dichter wie der Erfinder, der Prophet und alle, die über ein höheres Bewusstsein und besondere Fähigkeiten verfügen, eine reichere Ernte an Erfahrung und Weisheit aus ihren früheren Leben mitgebracht haben.

FORD: Genau das meine ich. Diese Menschen sind, mit den anderen verglichen, »älter« an Erfahrung. So gesehen ist auch Jesus nur unser »älterer Bruder«.

TRINE: Da wir gerade von den Propheten sprechen: Sie kennen wohl die Berichte über die Sehergabe Swedenborgs, eines der bekanntesten Gelehrten seiner Zeit. Er wohnte in Stockholm. Als er einmal in einer Stadt, die über hundert Kilometer von Stockholm entfernt liegt, zu Besuch weilte und beim Bürgermeister dieser Stadt eingeladen war, erhob er sich beim Essen und ging mit einer Entschuldigung auf die Veranda hinaus. Der Bürgermeister und andere, die neugierig geworden waren, folgten ihm dorthin – und da begann Swedenborg, ihnen von einem Brand zu berichten, der soeben im fernen Stockholm ausgebrochen sei. Er beschrieb genau, in welcher Straße die Feuersbrunst entstand, wie sie sich ausbreitete und immer schrecklicher wütete …

Nach einiger Zeit erklärte er dann, wiederum mit vielen Einzelheiten, wie das Feuer abnehme und eingedämmt werde. – Für die Zuhörer war das ein eindringliches Erlebnis, dessen Bedeutung ihnen erst voll bewusst wurde, als später Boten aus Stockholm eintrafen, deren Berichte über den Brand in allen Einzelheiten genau mit dem übereinstimmten, was Swedenborg so anschaulich geschildert hatte, als ob er dabei gewesen wäre … Wie würden Sie dieses geistige Fern-Sehen erklären?

Ford: Mit der Tatsache, dass es Menschen gibt – auch wieder als Frucht der Erfahrung und Sinnesverfeinerung aus früheren Leben –, die über eine ausgezeichnete Gedanken-Sende- und -Empfangsstation verfügen. Ich kann das beurteilen, da ich selbst ähnliche Fälle von Gedankenbild-Übertragungen erlebt habe.

Trine: Demnach wäre Telepathie ein Zeichen und Beispiel dafür, dass Gedanken übertragungsfähige Kräfte sind?

Ford: Es ist nicht leicht, zu sagen, was der Gedanke seinem Wesen nach ist, weil wir noch nicht die richtigen Instrumente haben, um das zu untersuchen. Dessen ungeachtet gibt es für mich nichts Selbstverständlicheres als die Tatsache der Gedankenübertragung oder Fernwirkung von Gedanken. Und wahrscheinlich ist die Erklärung höchst einfach, wenn wir einmal den Schlüssel dazu haben. Für mich ist der Gedanke jedenfalls eine Kraft oder er *hat* Kraft – vergleichbar etwa mit der elektrischen Energie.

TRINE: Ich verstehe, was Sie meinen. Die dem Gedanken innewohnende Energie ist es wohl auch, die Gehirn und Körper in Gang hält. Und vielleicht werden wir noch entdecken, dass jede Zelle unseres Körpers ihre eigene Intelligenzzentrale besitzt.

FORD: Das steht für mich fest. Jede Zelle ist eine Welt im Kleinen. Wie unsere Gedanken das Befinden des Körpers insgesamt beeinflussen, so auch die Tätigkeit jeder Zelle und jedes Organs. Darüber hinaus geben die Gedanken auch unserer Umgebung eine Art »Stimmungsbelag«. Wir lassen diesen geistigen Dunstkreis unseres Heims oder Büros, wenn wir die gewohnte Umgebung verlassen, etwa auf Reisen gehen, sozusagen hinter uns. Deshalb reise ich gern, um aus altgewohnten Denkgleisen herauszukommen und neue Gedanken, Impulse und Kräfte in mich aufzunehmen.

TRINE: Das bringt mich wieder zu meiner Frage. Was Sie sagen, spricht dafür, dass alles gedankengeboren ist, Auswirkung der unendlich feinen geistigen Energie, die hinter allem steht, in allem und durch alles wirkt, ja das Leben selbst ist. Geht auch Ihre Erfahrung dahin, dass diese geistige Energie sich durch jedes Individuum, je nach dessen gedanklicher Einstellung, in besonderer Weise auswirkt, dass also letztlich Denken und Leben jeweils übereinstimmen?

FORD: Genau das ist auch meine Erfahrung.

TRINE: Und Sie meinen auch, dass es, wenn der Gedanke Kraft ist, für jeden möglich sei, durch entsprechende Gedanken-Schaltung stärkere Wirkungen als gewöhnlich zu erzielen – etwa durch Übung der Gedankenkonzentration?

FORD: Durchaus. Je intensiver wir denken, desto stärkere Anziehungskräfte gehen von uns aus. Wer ganz auf seine Arbeit konzentriert ist, der zieht in wachsendem Maß die Wesen, Dinge und Umstände an, die der Vollendung seines Werkes dienlich sind. Wir werden einfach für das magnetisch, woran wir beharrlich denken. Ich habe das immer wieder erfahren. Zuweilen musste ich eine Arbeit liegen lassen und warten, weil ich nicht intensiv und konzentriert genug an sie gedacht hatte. Oft wollten sich dann die richtigen Bedingungen wochenlang nicht einstellen. Aber wenn ich dann an das, was ich wollte und brauchte, wieder beharrlich bejahend dachte, stellten sich schließlich die erforderlichen Faktoren und Umstände da ein, wo sie benötigt wurden. So entwickelt sich das, was man beständig im Geist festhält, von selbst und offenbart am Ende die Manifestationskraft der Gedanken.

TRINE: Sie bestätigen damit, was ich in meinen Lebensbüchern ganz bewusst oft wiederhole: dass Gedanken echte Kräfte sind. Gleiches zieht Gleiches an und baut Gleiches auf. Unser Leben gestaltet sich nach unseren vorherrschenden Gedanken.

FORD: Und wie das stimmt! Man braucht nur ängstlich an Missgeschick und Unglück zu denken – und schon ist es da.

Trine: Genau so, wie sich regelmäßig auch das gläubig bejahte Gute einstellt. Wir unterscheiden darum mit Recht den bejahenden und den verneinenden Gedanken- oder Menschentyp: Beide sind schöpferisch – der eine wirkt belebend, erneuernd und aufbauend, der andere schwächend, hemmend und zerstörend.

Ford: Und leider überwiegen immer noch die verneinenden Typen. Aber lernen kann man von beiden. Und letztlich wirkt sich auch das vom Verneiner ausgelöste Missgeschick wieder erzieherisch aus, weil es ihm Erfahrung verschafft, die er natürlich leichter auf dem positiven Weg der Bejahung gewonnen hätte.

Trine: Ihre Feststellung erinnert an Emersons Wort, dass das Schlechte in der Welt nur ein noch unvollkommen entfaltetes Gutes ist.

Ford: Eben darum fördern auch Fehler die Erfahrung. Und die Quintessenz der Erfahrung ist das, was wir der Einfachheit halber »Weisheit« nennen.

Trine: Vielleicht sind wir eben wegen dieser Erfahrung hier auf unserer Erde.

Ford: Davon bin ich überzeugt. Und wir bleiben hier und kehren immer wieder hierher zurück, bis wir alle Erfahrung gewonnen haben, die wir auf diesem Planeten gewinnen sollen und können.

Trine: Da ist noch ein anderer Aspekt der universellen geistigen Energie, den ich kurz mit Ihnen betrachten möchte, da er auch Ihr vielseitiges Arbeitsgebiet berührt: Er betrifft die Frage der rechten Erholung bei jungen Menschen.

Ford: Gescheite junge Menschen werden schon aus ihrer Arbeit Freude, Anregung und Erholung schöpfen.

Trine: Das wohl schon, aber daneben brauchen sie auch Zeiten der Ruhe und Entspannung, um für neue Anregungen und Erfahrungen aufnahmefähig zu bleiben.

Ford: Erfahrung kann man aus allem, was man tut, gewinnen.

Trine: Also auch aus der Erholung, wenn man sie recht zu nutzen weiß und die Freizeit nicht, wie so viele, sinn- und ziellos vergeudet.

Ford: Sehr richtig. Aber selbst wenn die Jugend sich heute auf diese oder jene Weise vergnügt, wird sie daraus doch immer die Erfahrung herausholen, die darin liegt. Wie Sie wissen, haben wir für die Kinder unserer Mitarbeiter und für die Jungarbeiter manche Möglichkeiten der Erholung, des Vergnügens und der Weiterbildung geschaffen und auch sonst viel getan, um die Schulbildung den Bedürfnissen der Gegenwart besser anzupassen.

Trine: Das ist wichtig, denn die Schule soll Vorbereitung für das praktische Leben sein, wie das bei den von Ihnen geschaffenen Gewerbeschulen der Fall ist.

FORD: Ich bilde mir durchaus nicht ein, zu wissen, wie eine vollkommene Erziehung beschaffen sein muss. Aber auf jeden Fall stellen wir die jungen Menschen so früh wie möglich auf ihre eigenen Füße, indem wir neu hinzukommenden Schülern eine Summe zur Verfügung stellen, die sie in Stand setzt, für sich selbst zu sorgen.

TRINE: Wie das?

FORD: Wir geben ihnen ein Stipendium. Das hat sich in den vergangenen zwölf Jahren bei Tausenden von Schülern bestens bewährt. Darüber hinaus tun wir alles, um den Kontakt der jungen Menschen mit der Wirklichkeit des Lebens und Berufs zu fördern und ihr Wissen und Können möglichst allseitig zu erweitern.

TRINE: Ich begrüße das als jemand, der von je her betont, dass die Erziehung weit mehr als bisher auf das praktische Leben ausgerichtet sein muss. Bislang klaffte eine zu große Lücke zwischen der Schulbildung und dem wirklichen Leben. Die Erziehung von der Volksschule bis zur Universität muss so universell sein, dass sie gleichermaßen Wissen und Können vermittelt und den jungen Menschen für seinen Platz im Leben ausrüstet. Statt sein Gehirn mit totem Wissensballast anzufüllen, gilt es, ihn durch Denkübungen, durch geistige Gymnastik, zu selbständigem schöpferischen Tatdenken zu erziehen. Sind Sie nicht ebenfalls dieser Meinung?

FORD: Voll und ganz. Gleich Ihnen sehe ich den Zweck der Erziehung darin, den Menschen zu lehren, richtig zu denken und zu leben, seinen Verstand und seine Talente produktiv zu betätigen. Ein Haufen Kenntnisse bedeutet noch nicht geistige Regsamkeit und Produktivität. Man kann Büchergelehrsamkeit besitzen und dabei im Leben und Beruf ein Versager sein. Und man kann aus Büchern lernen, wie man das Leben erfolgreich meistert und ein wertvolles Mitglied der menschlichen Gesellschaft wird. Eben dazu, dass der Mensch mit der Zeit und der Umwelt Schritt halten kann und sich allem gewachsen zeigt, muss die Erziehung verhelfen.

TRINE: Und das ist nur möglich, wenn sie ihn dazu bringt, dass er seine eigenen Kräfte, Fähigkeiten und Möglichkeiten erkennt und zielbewusst nützt.

FORD: Wenn ein junger Mensch das nicht in der Schule oder auf der Universität lernt, ist es mit seine eigene Schuld. Denn an sich kann man aus allem lernen, wenn man selbst und selbständig denkt und sich das aneignet, was man wirklich braucht. Jeder Mensch gleicht einem Brunnen: Es ist eine Menge in ihm, aber es muss aus der Tiefe heraufgeholt werden, wie Sie es in Ihren Lebensbüchern lehren. Der größte Gewinn, den man aus einem solchen Buch ziehen kann, ist der, dass es einen zu schöpferischem Selbstdenken anregt.

Von der Schule gilt das Gleiche. Nicht, was der junge Mensch aus Büchern gewinnt, sondern was sie aus ihm herausholen und zum Wirken bringen, ist das, was ihn voranbringt.

Trine: Das stimmt mit dem überein, was der bekannte Pädagoge Corson feststellte: »Für die Erziehung des Menschen ist nicht das, was man in ihn hineinlegt, sondern das, was er aus seinem eigenen Innern schöpft, entscheidend. Denn erst im Aufbrechen unserer inneren Wesensquellen entdecken wir, dass wir größer sind, als wir ahnen.«

Ford: Mensch sein heißt eigentlich, etwas aus sich und seinen Gaben zu machen.

Trine: Umso unverständlicher ist es, dass manche meinen, heute hätten die jungen Menschen nicht mehr so gute Aussichten und Möglichkeiten wie früher. Sie selbst haben ja durch Ihren Kontakt mit Tausenden junger Mitarbeiter die beste Gelegenheit, sich hier Klarheit zu verschaffen. Wie denken Sie darüber?

Ford: Ich meine, dass es noch nie eine Zeit gab, in der es sich mehr lohnte, jung zu sein, als heute! In den letzten Jahrzehnten ist die Zahl der Fortschritts- und Erfolgsmöglichkeiten ständig angewachsen. Sie warten auf die unternehmungsfreudigen jungen Menschen, die sie erkennen, ergreifen und nützen. – Nur in Zeiten, wo alles glatt geht und die Menschheit sich scheinbar zur Ruhe gesetzt hat, mag es für junge Menschen schwer erscheinen, mit neuen Gedanken durchzudringen und etwas Eigenes zu schaffen. Aber in einer Zeit stürmischer Entwicklung wie der unseren werden neue Gedanken überall freudig begrüßt und erfolgreich umgesetzt und verwirklicht.

Trine: In der Tat bieten sich jungen Menschen heute unbegrenzte Entfaltungsmöglichkeiten an.

Ford: Und noch nie gab es so viel zu tun, noch nie hat man denjenigen, der zu produktiven Leistungen bereit ist, so warm willkommen geheißen wie heute! Die Welt ist voll neuer Gedanken über das, was getan werden kann und dem Fortschritt aller dient: Sie warten auf den, der sie auffängt und in die Tat umsetzt. Um die Welt voranzubringen, braucht man weder Dichter noch Staatsmann zu sein, sondern sich lediglich – an dem Platz, an dem man steht und wirkt – für neue Gedanken aufgeschlossen zu halten und das in Angriff zu nehmen, was das Dasein aller erleichtert und lebenswerter macht.

Trine: Diese Erkenntnis ermutigt zur Selbst- und Lebensbejahung und zu positiv-dynamischer Daseinsgestaltung.

Trine: Praktisch läuft das auf die von Ihnen zurecht vertretene These »Verdienen durch Dienen!« hinaus. Dienstleistung zum Wohl des Ganzen und Rationalisierung der Produktion sind in der Tat die Haupterfordernisse unserer Zeit. Dabei ist die Arbeits-, Zeit- und Material-Einsparung durch Rationalisierung und Normung durchaus mit dem

Ideal der Schönheit vereinbar. Auch Sie wollen ja in Ihrem Unternehmen bei der Vereinigung von Kopf- und Handarbeit und mit Ihren Produkten zugleich der Verschönerung des Lebens dienen.

Ford: Ja. Auch die Kunst bedarf der schaffenden Hand. Wollte man der Hand ihren Anteil an der schöpferischen Tätigkeit des Geistes verweigern oder absprechen, käme alles aus dem Gleichgewicht. Früher wurde Kopfarbeit höher bewertet als die Handarbeit. Heute sind Handarbeiter oft besser bezahlt als Kopfarbeiter … Am besten steht es, wenn beide einmütig zusammenwirken und das Herz dabei richtunggebend beteiligt ist.

Trine: Diese Worte freuen mich, weil sie die Bedeutung und den Wert des Handwerkers und Arbeiters unterstreichen und klarstellen, wie unweise es ist, auf sie herabzusehen, da schließlich alle von ihrer Arbeit leben. Ohne sie gäbe es weder Häuser noch Autos, weder Nahrung noch Kleidung, und ohne sie gäbe es auch Ihre Automobilwerke nicht. Ihre Mitarbeiter sind Repräsentanten der Millionenscharen der Arbeiter in aller Welt, die durch ihr unermüdliches Wirken die Voraussetzungen schaffen für das Wohlergehen eines jeden in der Gemeinschaft.

Ford: Eben weil einer allein nicht viel zuwege bringt, sagen wir bei uns nicht »ich«, sondern »wir«.

Trine: Das heutige Leben mit seiner wachsenden Arbeitsfülle und Hektik und den unaufhörlich zunehmenden Bedürfnissen ist im Grunde gar nicht denkbar ohne gegenseitige Hilfe. Wenn jemand das nicht bedenkt, könnte ihn das Lebenstempo erschrecken.

FORD: Als Ganzes ist die Menschheit unerhört tapfer …

TRINE: Und im Grunde ist es auch der Einzelne. Wenn ich durch die überfüllten Straßen gehe, meinen Mitmenschen ins Gesicht sehe und spüre, wie sie – jeder mit seinen eigenen Sorgen beschäftigt – aneinander vorbeieilen, finde ich den Willen des Einzelnen, sich durchzusetzen, und seinen Lebensmut bewundernswert. Schließlich sind es immer nur wenige, die versagen und aufgeben.

FORD: Selbstvertrauen, Mut und Fortschrittswille sind Eigenschaften des Geistes.

TRINE: Und damit eine Frage und Folge positiv-produktiven Denkens, das den Menschen befähigt, das von ihm Bejahte und Erstrebte auch zu erreichen. Eben dieses aufbauende Denken ist es ja, das alle Elemente und Umstände herbeizieht, die dem bejahten Ideal zur Verwirklichung verhelfen. Davon sind Sie ja auch überzeugt.

FORD: Richtig.

TRINE: Und es ist im Grunde auch das, was Jesus lehrte und vorlebte. Er wusste, dass der Gedanke eine Kraft ist, die, durch gläubige Bejahung gelenkt, unser Wohl bewirkt. Davon zeugen seine Worte: »Dir geschehe, wie du geglaubt hast« und »Alle Dinge sind möglich dem, der da glaubt!« Dass es so ist, rührt daher, dass der Gedanke als bewegende Kraft die Bedingungen in Leib und Leben schafft, die seiner Richtung und Ladung entsprechen. Wer begriffen hat, dass der Ablauf seines Lebens der vorherrschenden Richtung seiner Gedanken entspricht, hat eine der größten Lebenswahrheiten erfasst. Stevenson hat Recht, wenn er uns zuruft: »Nur Mut, dann schafft ihr's schon!«

FORD: Wenn es etwas gibt, das ich von der Erde verbannt sehen möchte, ist es die Furcht, die Lebensangst. Die müssen wir überwinden, indem wir einsehen lernen, dass es in Wahrheit nichts gibt, das wir zu fürchten haben. Das mag wie ein »guter Rat« klingen, ist aber nichts als eine Tatsachenfeststellung.

TRINE: Das haben Sie beim Aufbau Ihres Unternehmens für jedermann sichtbar demonstriert. Keiner bestreitet Ihre Erfolge, aber nicht alle wissen um die Schwierigkeiten und Hindernisse, die Sie durch Mut und Glauben überwunden haben.

FORD: Mutlosigkeit hat es bei uns nie gegeben.

TRINE: Können Sie sich vorstellen, wie Menschen sich fühlen, die den Mut verloren haben?

Ford: Nein. Ich bin wohl mit solchen zusammengekommen, die sich für mutlos hielten, aber es war Selbsttäuschung, und sie sind über diese Anwandlungen von negativem Denken sehr wohl hinweggekommen.

Trine: Ich halte es für einen Gewinn, wenn man sich vorwiegend oder gar ständig in positiver Gemütsverfassung befindet, wie es bei Ihnen der Fall ist.

Ford: Ich verdanke diese Lebenshaltung meiner Überzeugung, dass wir hier sind, um Erfahrungen zu sammeln. Das weiß ich, und damit wird alles zum Lehrstoff. Für Mutlosigkeit ist da kein Platz.

Trine: Und Sie meinen, dass jeder sich diese positive Gemütsverfassung aneignen kann?

Ford: Natürlich. Man kann sich alles aneignen, worauf man sein Denken richtet.

Trine: Sie waren demnach schon in den Anfängen Ihres Unternehmens, bei allem Auf und Ab, davon überzeugt, dass Sie es schaffen?

Ford: Ja, ich war gewiss, dass ich alles schaffe, wenn ich intensiv darauf hinarbeite. Auf diese Weise kann jeder alles erreichen, was er sich vornimmt.

Trine: Sie haben Recht, auch wenn es zuweilen scheinen

mag, als ob nicht jeder sich jederzeit von Zweifel und Mutlosigkeit frei halten könne.

FORD: Er kann es! Ich kenne manche, die mir von Anwandlungen der Mutlosigkeit berichteten, hatte aber in jedem Fall den Eindruck, dass sie nicht wirklich, in ihrem tiefsten Wesensgrund, mutlos waren. Was sie brauchten, war nur eine Entspannung oder Ablenkung, um sich auf sich selbst und ihre innere Kraft zu besinnen, sich mit neuer Energie aufzuladen und das Leben wieder mit Zuversicht und Schaffensfreude zu meistern.

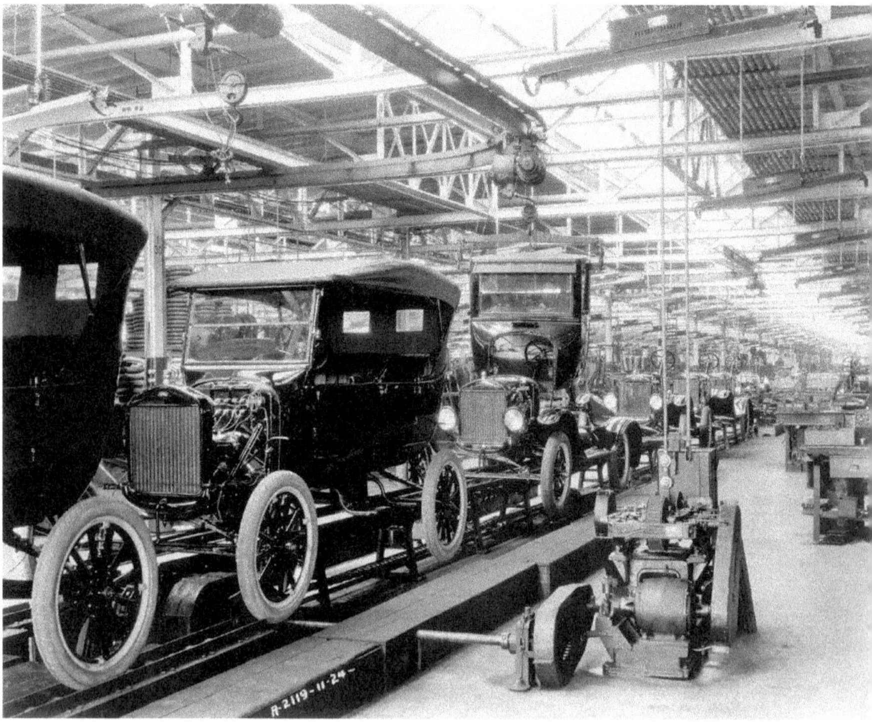

Am 14. Januar 1914 begann Ford mit der Fertigung des Modell T (»Tin Lizzy«, dt. »Blechliesl«) am Fließband. Der Verkaufspreis wurde daraufhin von 850 $ je Fahrzeug auf 370 $ gesenkt.

Geheimnis des Erfolgs

Am folgenden Tag leitete Trine das Gespräch mit der Feststellung ein, dass Ford zu den Morgenarbeitern gehöre, sehr früh aufstehe und gleich nach einem Rundgang durch seinen Betrieb und den benachbarten Highland-Park daran gehe, sich seinen vielseitigen Interessen und Tagesaufgaben zu widmen. Dabei zeige Ford mit fünfundsechzig Jahren noch die gleiche jugendliche Haltung und vitale Beweglichkeit wie zwanzig Jahre zuvor. Genauso dynamisch sei auch sein Verhalten und Handeln. Ford lächelte zu dieser Feststellung und nahm Bezug auf das am Vortag Besprochene.

Ford: Was haben Sie heute im Sinn? Über das, was wir gestern erörterten, brauchen wir nicht mehr zu reden. Zu viel Theorie! Kommen wir zu den Tatsachen!

Trine: Eben das hatte ich vor. Wir waren uns darin einig, dass Gedanken Kräfte sind und eine antreibende Wirkung dahin ausüben, dass etwas geschieht. Gilt die Tatsache, dass »denken« im Grunde »bewegen« heißt, nicht besonders für das Erfolgsdenken? Wie ist hier Ihre Erfahrung? Kann man sich einen Erfolg vornehmen und ihn dann im Geist wie eine Pflanze durch Bejahung hegen und pflegen, damit er aus dem Unsichtbaren ins Sichtbare hinauswächst?

FORD: Gewiss kann man das, wenn man sich ganz auf sein Ziel konzentriert und wenn alles, was man tut, darauf Bezug nimmt, also die volle Kraft des Geistes dafür eingesetzt wird. Davon hängt der Erfolg ab, wobei Fantasie und innerer Schwung nicht fehlen dürfen.

TRINE: Kann man demnach von einem Geheimnis des Erfolgs reden oder, wenn Ihnen der Ausdruck lieber ist, von einer Methode, die den Erfolg verbürgt? Und kann man sie jungen Menschen so vermitteln, dass sie sich diese Methode oder Praxis aneignen und dadurch selber zu einer erfolgreichen Lebensgestaltung gelangen?

FORD: Warum nicht? Natürlich muss der junge Mensch sich zunächst darüber im Klaren sein, was er will, bevor er sich überhaupt daran machen kann, es beharrlich zu verfolgen und stets das Bestmögliche zu leisten. Das ist eine Grundvoraussetzung des Erfolgs: Alles, was man anpackt, so gut wie möglich zu machen, zumal man dadurch etwas Wertvolles in sich aufbaut. Im Grunde enthält jede Arbeit, an die man herangeht, bereits alle für den Fortschritt und Erfolg wesentlichen Elemente. Glauben Sie mir: Es gibt keinen Erfolg, der von außen an den Menschen herangetragen wird, sondern alles kommt von innen.

TRINE: Gilt das auch für den geschäftlichen Erfolg?

FORD: Hier kommt noch hinzu, dass man herausfindet, was wirklich gebraucht wird, und demgemäß seine Kräfte und Mittel richtig einsetzt und arbeiten lässt, um möglichst viel Nutzen und neue Gelegenheiten für möglichst viele Menschen zu schaffen. Falsch angewandt und nutzlos sind nur die Mittel, auch die Geldmittel, die man brachliegen lässt oder für unethische Zwecke missbraucht.

TRINE: Und was braucht der Mensch neben dem rechten Einsatz seiner Kräfte und Mittel und neben der geistigen Konzentration noch zum Erfolghaben?

FORD: Vor allem Selbst- und Lebensvertrauen, Mut und Glauben. Sie sind es, die den Menschen erfolgsfähig und erfolgswürdig machen. Gleich wichtig sind Kenntnisse, die sich jeder aneignen kann. Man muss über alles Wissen auf dem Spezialgebiet verfügen, auf dem man arbeitet. Man muss über alle Fortschritte und Veränderungen auf dem Laufenden bleiben. Denn sowie ein anderer einem nur um eine Nasenlänge voraus ist, hat man das Nachsehen. Herumraten ist sinnlos, auf günstige Zufälle warten ist Torheit, und blind drauflosgehen ist gefährlich.

TRINE: Und weiter?

FORD: Dauernde Erfolge setzen desweiteren eine positive ethische Haltung voraus. Ichhafte und unehrliche Menschen mögen Einzelerfolge erzielen, aber dauerhaft erfolgreich sind sie nicht, vielmehr wird ihnen der Erfolg durch ihre unethische, lebenswidrige Haltung ständig schwerer gemacht. Menschen kann man eine gewisse Zeit täuschen und betrügen, aber das Material nicht und das Leben erst recht nicht. Eine Mauer kann man nur aus echten Ziegelsteinen bauen, beim Bau einer Brücke muss man die Gesetze der Statik beachten, da sonst beide einstürzen. Ebenso muss man die Gesetze der Ethik befolgen, um Freunde, Mitarbeiter und Kunden auf Dauer zu gewinnen. Ehrlichkeit führt stets weiter als Unehrlichkeit, die sich wie ein Hausschwamm Verderben bringend ausbreitet. Mit anderen Worten: Man muss ein Menschenfreund sein, denn wo alle sonstigen Bedingungen gleich sind, kommt der Gütige, der auch an die anderen denkt, weiter als der Ichsüchtige und Hartherzige.

TRINE: Ich bin sicher, dass diese Erkenntnis vielen, besonders jungen Menschen einleuchten wird und ihnen weiterhilft. Ich sprach neulich mit einem New Yorker Freund – Mr. Ormsby, Mitglied eines großen Reklamekonzerns, übrigens ein Schotte – über Ihr Werk. Er stimmte meinen Darlegungen zu und schloss: »Ich glaube, dass Henry Ford heute der bedeutendste Mann in unserem Land ist.« Auf meine Frage, wie er das meine, antwortete er: »Ein Mann, der es fertig gebracht hat, Millionen Männern und Frauen, die sich sonst kaum ein zuverlässiges Transportmittel hätten anschaffen können, diese Möglichkeit durch seine billigen Wagen zu verschaffen, hat der Allgemeinheit einen einzigartigen Dienst erwiesen. Daher meine Begeisterung für Henry Ford.« – Ich wiederhole das, weil diese treffende Beurteilung Ihrer Leistung Sie gewiss freuen wird.

FORD: Nun, meine Arbeit hat mir immer die allergrößte Freude bereitet.

TRINE: Die Welt kennt Sie als den Begründer und Leiter eines der größten Unternehmen der Welt. Was hat Sie selbst neben der Arbeit in Ihrem Leben am meisten beglückt?

FORD: Ich weiß nicht, was ich darauf antworten soll, da ich darüber noch nie nachgedacht habe.

TRINE: Sie haben in Ihrem Unternehmen etwas geschaffen, das in Bezug auf kurze Arbeitszeiten, gesunde Arbeitsbedingungen und Arbeitsräume, hohe Löhne und Leistungsprämien umwälzend war und sich auf die gesamte Wirtschaft fortschrittfördernd und segenbringend ausgewirkt hat. Ich verstehe deshalb, dass allein Ihre Arbeit Sie schon beglückt. Aber darüber hinaus haben Sie auch noch Millionen Menschen die Möglichkeit gegeben, an den von Ihnen ausgelösten Fortschritten teilzunehmen.

FORD: Das ergibt sich doch von selbst, wenn man darauf aus ist, herauszufinden, was alle Welt braucht, und dann daran geht, es den Menschen zu verschaffen. Wir haben gerade wieder eine große Sache vor: Wir sind bei dem Versuch, den Ford-Wagen noch billiger zu liefern. Wir senken den Preis erneut bis an die unterste Grenze – in der sicheren Gewissheit, dass wir es schaffen.

TRINE: Sehr gut. Aber wenn es Ihnen gelingt, etwas so Nützliches zum niedrigsten Preis herauszubringen, wessen Verdienst ist das dann?

Ford: Jedermanns Verdienst. Ich weiß, was Sie sagen wollen. Aber schließlich gibt es keine nur persönlichen Erfolge im Wirtschaftsleben, sondern ausschließlich solche, an denen viele – und zwar jeder nach dem Maß seines persönlichen Einsatzes – teilhaben.

Trine: Diese Einstellung erscheint mir wie ein Wendepunkt in der industriellen Welt. Und da möchte ich fragen: Folgten Sie der Tendenz, das Bestmögliche zum niedrigsten Preis herzustellen und zu liefern, auch schon zu Beginn Ihrer Laufbahn, als noch alles unsicher vor Ihnen lag?

Ford: Gewiss. Schwierigkeiten gab es immer, aber Unsicherheit nie!

Trine: Und diese Sicherheit bei der Verfolgung Ihrer Ziele ist Ihnen heute noch eigen?

Ford: Natürlich. Ohne diese innere Sicherheit sind Erfolge unmöglich.

Trine: Weil sie Voraussetzung des Gelingens ist? Oder der Konkurrenz wegen?

Ford: Um des Zieles willen, also unabhängig vom Verhalten der Umwelt.

TRINE: Bei Ihnen wirkt sich diese innere Sicherheit auch auf das körperliche Befinden und Verhalten aus. Ich weiß, dass Sie sich für Gesundheitsfragen besonders interessieren, und Sie wissen, wie man durch natürliche Denk- und Lebensweise den Körper gesund erhält. Erscheint es Ihnen da nicht fast unnatürlich, dass in unserem Land etwa zwei Millionen Menschen dauerhaft krank sind?

FORD: Ja, weil meiner Überzeugung nach die meisten Krankheiten vermieden werden können. Eines Tages wird man kranke Menschen nicht mehr als bedauernswert, sondern als tadelnswert ansehen. Heute schon weiß man, dass es viele Möglichkeiten gibt, die Kraft und Gesundheit des Körpers länger zu erhalten.

TRINE: Da taucht eine interessante Frage auf, zu der ich gern Ihre Meinung hören würde: In unserem Körper werden ständig neue Zellen geboren und alte abgestoßen. Dieser Prozess ist unablässig im Gang, und die Physiologen belehren uns darüber, dass sämtliche Körperzellen binnen eines einzigen Jahres erneuert werden. Wenn das so ist und wenn wir nun bewusst daran gehen, unseren Körper auf bestmögliche Art aufzubauen, indem wir ihm die richtige Nahrung, gute Luft und viel Bewegung verschaffen und vor allem unseren Gedanken eine positive Richtung geben – wie kommt es dann, dass wir trotzdem weiter altern?

FORD: Ich denke, wir leben lange genug, um einen bestimmten Plan oder Zweck zu erfüllen, und wenn das geschehen und das Körperwerkzeug verbraucht ist, folgt für den Geist ein neues Lebenskapitel. Ein paar Gründe dafür, dass wir altern, liegen offen zutage. Einer davon ist der, dass unsere Lebens- und Ernährungsweise zumeist nicht die richtige ist. Bei rechter Geisteshaltung und Ernährung würden wir uns gewiss bis ins hohe Alter im Zustand gesunder Reife erhalten. Das Alter eines Menschen wird ja nicht durch die Zahl der Jahre bestimmt, sondern durch die Art und Weise, wie er seine geistige Kraft aktiv erhält.

TRINE: Sie sehen somit Möglichkeiten, unseren Körper länger, wenn auch nicht im Zustand der Jugend, so doch in dem der mittleren Jahre zu erhalten?

FORD: Allerdings. Uns fehlt hier nur mehr Erfahrung und Schulung. Wir haben es zweifellos selbst weitgehend in der Hand, darüber zu bestimmen.

TRINE: Gewiss gibt es diesbezüglich noch vieles zu erforschen und zu entdecken. Und vielleicht lernen wir eines Tages, die Neubildung der Körperzellen bewusst zu beeinflussen und dahin zu lenken, dass die bestmögliche Erhaltung jugendlicher Gestalt und Erscheinung in der Vollkraft der Reife bewirkt wird. Heute gewinnt die Einsicht Anhänger, dass dies weitestgehend von unserem Denken abhängt – von dem Idealbild, das wir von uns selbst in uns tragen und festhalten.

FORD: Das trifft den Kern der Sache.

Trine: Ich glaube, dass hier noch manche Erkenntnis darauf wartet, uns bewusst zu werden. Ich denke dabei nicht an Drüsenverpflanzungen und Schönheitsoperationen, die die Fehler ausgleichen sollen, die in Unkenntnis der Lebensgesetze begangen werden. Sondern ich denke hier an die aufbauende Macht des Geistes über den Körper. Wenn ich es auch nicht für unsere Bestimmung halte, unser körperliches Dasein endlos auszudehnen, so fühle ich doch, dass wir weit länger leben und uns länger als bisher auf der Höhe vitaler Schaffenskraft erhalten können, und zwar bis in die späten Jahre. Weiter bin ich überzeugt, dass wir unser Erdendasein nicht in einem elenden, leidenden und greisenhaften Zustand verlassen sollen, sondern eher wie eine reife Frucht, die sich sanft von ihrem Zweig löst. Wir sollten ohne Angst und Sorge an das Ende denken und, wenn unsere Zeit gekommen ist, mit einem frohen Lächeln Abschied nehmen.

Ford: So sollte unser Leben in der Tat ablaufen. Durch künstliche Mittel wird ein solcher Lebensablauf nicht erreicht, sondern nur durch eine naturgemäße Denk- und Lebensweise. Nicht die Kunst, sondern die Natur ist die Quelle des Lebens.

Trine: Es wäre gut, Einrichtungen zur Erforschung dieser Zusammenhänge zu schaffen. Oberster Grundsatz der Heilkunst sollte es sein, nicht erst Heilungsversuche zu unternehmen, wenn Millionen bereits siech und leidend sind, sondern alles zu fördern, was der Erhaltung der Gesundheit und der Verhütung von Krankheiten und Leiden dient. Das wäre auch eine Aufgabe für Sie und ein Punkt, an dem Sie Ihren Reichtum segenbringend einsetzen könnten.

Ford: Wenn es zu geschehen hat, wird es geschehen. Ich habe schon viel über ihre These nachgedacht: »Weniger Krankenhäuser und mehr Gesundheitshäuser!« Gewiss wird der Tag kommen, an dem man ein Hospital nicht mehr als Heilanstalt ansieht, sondern als Stätte der Gesundheitsförderung und Krankheitsverhütung, das heißt als eine Schule, in der wir lernen, richtig zu leben.

Trine: Wann werden wir wohl jenes Stadium der menschlichen Entwicklung erreichen, in dem die feineren Kräfte der Natur, die geistigen Energien des Lebens voll erkannt und segenbringend genützt werden?

Ford: Unsere Erde wird seit Jahrmillionen von Menschen bewohnt. Und ich glaube, dass es in früheren Epochen schon Völker gab, die in Kunst und Wissenschaft Großes erreichten und vielleicht schon manches besaßen, was uns heute als Gipfel des Fortschritts erscheint – Autos, Flugzeuge, Radio und dergleichen mehr – und anderes, was wir noch gar nicht entdeckt haben … Aber anscheinend fehlte es diesen vergessenen früheren Kulturen an ethischem Gleichgewicht, so dass sie untergingen. Unsere heutigen wissenschaftlichen und technischen Fortschritte mögen ein stärkeres ethisches Element als Ausgleich in sich bergen – und so mag es geschehen, dass unsere Kultur von längerer Dauer sein und noch viele beglückende Fortschritte mit sich bringen wird.

Trine: Halten Sie es für möglich, dass diejenigen unter uns, die besonders begabt und erfinderisch sind, vielleicht schon in diesen früheren kulturellen Hochzeiten lebten und heute wiedergeboren wurden, um uns das wiederzubringen, was vor endlosen Zeiten schon einmal Allgemeingut war? ... Und könnte das auch für manche wissenschaftlichen, wirtschaftlichen und anderen Fortschritte gelten?

Ford: Das ist durchaus möglich. Schließlich sind Erfindergabe, schöpferische Fähigkeiten und Weisheit, wie alles, Produkte der Erfahrung.

Trine: Man weiß heute, dass das Leben auf unserem Planeten viel weiter zurückreicht, als man bisher annahm. In bestimmten Gesteinsschichten finden sich Überreste von Tieren, die vor sechshundert Millionen Jahren lebten. Bei Ausgrabungen in Italien fand man Ruinen von fünf verschiedenen Kulturen, eine unter der anderen begraben. Mit Blick darauf eröffnet Ihre Meinung, dass es schon in ferner Vergangenheit hohe Kulturstufen und bedeutende geistige Errungenschaften bei verschiedenen Völkern und Rassen gab, von denen wir heute noch nichts wissen, interessante Perspektiven für unser Denken.

Ford: Die heutigen Fortschritte liegen vor allem im Bereich der Technik, der Maschinen, die vieles leisten, was dem Menschen sonst nicht möglich wäre. Dennoch ist unser Wissen noch gering. Aber es ist in ständigem Wachstum. Und es wird, wie ich glaube, eine Zeit kommen, in der der Mensch weiß, was auf anderen Planeten vorgeht, und imstande ist, sie zu besuchen. Heute stürmt der menschliche Geist rascher vorwärts als in früheren Zeiten. Neue Ideen breiten sich ungehindert über die ganze Welt aus, so dass man heute in fünf Jahren mehr geistige und technische Fortschritte macht als früher in hundert Jahren. Das Vorstellungsvermögen, der geistige Horizont weitet sich ständig.

Trine: Das berührt wieder die Frage, wie der Denkprozess vor sich geht.

Ford: Eine Frage, die auch mich beschäftigt. Gedanken scheinen dem zuzuströmen, der darauf eingestellt und abgestimmt ist, sie zu empfangen. Manchmal ist der Gedanken-»Empfänger« – wie beim Radio – eingeschaltet und richtig abgestimmt, oft ist er aber auch fehlerhaft und falsch geschaltet. Dabei scheint es so zu sein, dass wir mehr Gedanken aufnehmen und weitergeben, als wir selbst erzeugen. Vielleicht ist es mit den Gedanken wie mit den Menschen, die ja auch nicht eigentlich »neu« sind, sondern nur in neuen Kombinationen wiederkehren.

Trine: Wenn dem so ist …

Ford: … gibt es keinen Gedanken, der nur einem Menschen gehört, und demgemäß auch keine Entdeckung, die nur einem einzigen Menschen zuzuschreiben wäre. Wir wissen ja, dass nicht ein Mann – Gutenberg – der Erfinder des Buchdrucks war, sondern die Idee des Drucks mit beweglichen Lettern nach Verkörperung strebte und ihren Weg durch mehrere Männer fand, die um die gleiche Zeit herum lebten. Ebenso war Kolumbus nicht der erste und einzige Entdecker Amerikas. Das Leben ist offenbar so angelegt, dass nichts von dem, worauf es abzielt, etwa durch das Versagen eines Einzelnen fehlschlagen kann. Darum wird ein neuer Gedanke, eine Erkenntnis, eine Wahrheit stets mehreren anvertraut. Das ist der Grund dafür, dass es bei Entdeckungen und Erfindungen oft zu Streitigkeiten darüber kommt, wer der Erste war. Die Idee »lag in der Luft« und fand Eingang bei denen, deren Geist für sie empfänglich und aufnahmebereit war.

TRINE: Ich freue mich, dass wir auch hier übereinstimmen. Nichts hat mich übrigens nachhaltiger beeindruckt als die Tatsache, dass wir heute unmittelbar davor stehen, die Gesetze der feineren Lebenskräfte, der geistigen Energie, sowohl in unserem Inneren wie in der Welt um uns herum zu erfassen. Wir sind dem »Wie« des Lebens auf der Spur. Radio und die anderen technischen Fortschritte sind für mich nur Vorläufer weit größerer Dinge. Schließlich waren die Gesetze und Kräfte, die diesen Erfindungen zugrunde liegen, von Anfang an im Universum. Aber unserer Generation blieb es vorbehalten, sie zu erkennen und die rechte Nutzanwendung zu finden. Zudem sind alle Kräfte und Gesetze der Welt um uns herum nur Hinweise auf die seelisch-geistigen Kräfte und Möglichkeiten der inneren Welt.

FORD: In der Tat ist alles da …

Trine: … und wartet nur auf diejenigen, die es als Erste erkennen, in Empfang nehmen und nützen. Die geistige Atmosphäre ist voller Ideen, die bereit sind, in den Menschen aktiv zu werden, die die rechten Empfangsorgane besitzen und in der rechten Verfassung sind, um sie aufzunehmen und zu realisieren. Darum sollten wir alle mehr nach innen lauschen und uns zu besseren Empfangsstationen ausbilden. – Unsere Körpersinne vermitteln uns nur Eindrücke der äußeren Welt und übertragen sie auf das Gehirn. Ähnlich nehmen unsere Seelensinne Schwingungen und Impulse aus der geistigen Welt auf und vom zentralen Kraftquell allen Lebens im All, um sie unserem innersten Selbst zu vermitteln. Wie die Sinnesorgane an das Gehirn telegrafieren, so wendet sich die Seele an den Geist. Wenn aber der Geist nicht wach, aufgeschlossen und empfangsbereit ist, gehen diese Mitteilungen, die Ideen und geistigen Impulse, verloren und suchen sich andere Werkzeuge.

Ford: Damit ist der Weg gezeigt, mit dem Urquell aller Ideen, Kräfte und Dinge in Verbindung zu kommen.

Trine: Ja, dort ist der Ursprung aller Inspirationen und Intuitionen, jeder Offenbarung, aller Weisheit und jeglicher Kraft. Neue Gedanken strömen uns ständig zu, aber sie werden uns nur bewusst, wenn wir uns innerlich auf sie einstimmen. Je bewusster das geschieht, desto vollkommener empfangen wir sie. Wir haben es also selbst in der Hand, unseren Geist für neue Gedanken, neue schöpferische Ideen empfänglich zu machen und so mit dem Urquell des Lebens in

Verbindung zu bleiben. Übrigens waren die alten Propheten offenbar Experten der richtigen Einstellung des Empfangsapparates und des lebendigen Kontakts mit dem Geist des Lebens, wie ihre Worte deutlich zeigen: »Der Herr ist mächtig in mir.« Und wir können es ihnen gleichtun.

FORD: Alles Geistige und Stoffliche, das existiert, ist uns durchaus zugänglich. Wir müssen nur das unsere dazu tun.

TRINE: Mit Blick auf den Kernpunkt unseres Gesprächs möchte ich auf das zurückkommen, was ich gestern an Fortschritten in der Ford-Gewerbeschule und den anderen Einrichtungen Ihrer Unternehmen beobachten konnte. Es ist begeisternd, zu sehen, wie hier junge Menschen verschiedener Nationalität bei der praktischen Arbeit einmütig zusammenwirken. Wäre es nicht gut, wenn ähnliches auch an unseren Hochschulen ermöglicht würde?

FORD: Das war bisher kaum möglich, weil es dort an der nötigen Ausrüstung und Maschinerie fehlt. Sonst wäre der Versuch sicher schon gemacht worden. Aber vielleicht werden ja Gewerbeschulen wie die unsere mit der Zeit im ganzen Land eingeführt.

TRINE: Dann würde deutlich werden, wie lebensfern manche Unterrichtsmethoden heute noch sind und wie notwendig es ist, die Denkschulung mehr auf Dinge zu richten, die mit dem praktischen Leben zusammenhängen und die Schüler für die bessere Meisterung ihres Berufs und Lebens ausrüsten. Nun, wir leben ja in der Morgenröte einer neuen Zeit.

Ford: Eben! Alles Vergangene mag seine Berechtigung haben. Da alles nur Übergang ist, habe ich an der Vergangenheit nichts auszusetzen.

Trine: Weil Ihr Denken auf die besseren Methoden der Gegenwart und Zukunft gerichtet ist. An welche Methoden denken Sie da besonders?

Ford: An alle, die zu wahrem Fortschritt führen. Mögen manche auch noch unzulänglich und verbesserungsbedürftig sein, so entsprechen sie doch unserem heutigen Ideal einer lebensnahen und zweckvollen Erziehung. Und da wir möchten, dass die jungen Menschen von früh auf mit dem Leben in lebendige Berührung kommen – nicht nur als Zuschauer, sondern als aktive Teilnehmer –, lassen wir sie die Dinge, die sie lernen müssen, selbst verrichten. Ihre Hände sind die besten Lehrmeister.

Trine: Und lassen sich diese Grundsätze auch sonst, zum Beispiel in der Landwirtschaft, anwenden?

Ford: Ich bin sicher, dass Landwirtschaft künftig nur im Großen betrieben wird. Die bäuerlichen Kleinbetriebe werden Gemeinschaftsunternehmen weichen. Immer mehr Jungbauern werden sich auf den landwirtschaftlichen Hochschulen mit den neuesten Erfahrungen und Methoden vertraut machen. Die Nahrungsmittel werden mit ständig verbesserten Methoden produziert, mit weniger menschlichen Hilfskräften und zu immer geringeren Kosten. Und viele Bauern werden die Landwirtschaft nur noch als Nebenberuf betreiben und sich in anderen Erwerbszweigen betätigen.

Trine: An dieser stürmischen Fortentwicklung aktiv teilzunehmen heißt, nicht vergeblich gelebt zu haben. Es bleibt ein Verdienst Ihres Unternehmens, dazu beigetragen zu haben. Und ich werte es als wichtiges Merkmal Ihres Erfolgsweges, dass Sie Ihre Geschäfte von Anfang an ohne Bankiers betrieben und Riesenbeträge an Zinsen und Provisionen einsparten, die dem Ausbau ihrer Werke zugute kamen. Und statt große Summen für Propaganda hinauszuwerfen, haben Sie durch zielbewusste Forschungen und Versuche erreicht, dass Sie die besten Wagen bauten und diese zu so niedrigen Preisen verkaufen, dass sie sich von selbst empfehlen. Gewiss liegt auch in diesem Vorgehen ein Teil des Geheimnisses Ihrer Erfolge – ganz abgesehen von der Tatsache, dass Sie mit alledem wirkliche Dienstleistung bezweckten und bewirkten.

Ford: Sie nennen die Dienstleistung als Letztes, während sie das Erste ist und den Grundpfeiler des Erfolgs bildet. Was das Übrige anbelangt, ist es gleichfalls Dienstleistung im besten Sinne des Wortes, wenn man den größtmöglichen Nutzen für die Allgemeinheit zum niedrigsten Preis anstrebt und erreicht. Auf diesem Gedanken ist unser Unternehmen aufgebaut.

Trine: Und diesem Grundsatz folgten Sie von Anfang an.

Ford: Ja, denn es gibt keinen anderen Weg. Es ist die einzige Möglichkeit, Stillstand, Rückschritt und Misslingen zu vermeiden.

Trine: Ihre Erfolge bestätigen die Richtigkeit Ihrer Thesen. Heute ist der Ruf Ihrer Erzeugnisse so gut, dass die Menschen, wenn Sie einen neuen Wagen herausbringen, schon förmlich darauf warten. McClure, der die erste populäre Illustrierte in unserem Land herausgab, sagte kurz, nachdem mein erstes Buch herauskam, zu mir: »Letztlich ist der einzige Weg, einem Buch einen größeren Leserkreis und Absatz zu verschaffen, der von Mund zu Mund.«

Ford: Entscheidend ist die Qualität. Und wenn schon Reklame, dann sollte sie wahr sein, einen positiven Inhalt haben und das, wofür sie wirbt, so erklären, dass dessen Anschaffung und Nutzung erleichtert wird.

Trine: Können Sie noch weitere Hinweise auf das Geheimnis des Erfolgs geben?

Ford: Das Wichtigste ist und bleibt immer, dass man herausfindet, was gebraucht wird. Wenn man das auf beste Weise vermittelt, ist man kaum imstande, den Bedarf voll zu befriedigen. Beim Auto zum Beispiel liegt auf der Hand, dass es in wachsender Zahl gebraucht wird, dass es rasch und sicher fahren und zugleich billig und schön sein muss. Und dann muss man herausfinden, wie man diese Wünsche am vollkommensten erfüllt.

TRINE: Sie erwähnten die Schönheit. Auf diese wird in der Tat heute mehr als früher geachtet.

FORD: Ja, Schönheit der Form spielt heute eine große Rolle. Für mich ist jede zweckmäßige Maschine schön. Manche denken, wenn sie von Schönheit sprechen, aber weniger an Qualität und Zweckmäßigkeit, sondern mehr an die Farbe.

TRINE: Offenbar sind wir an einem Punkt der Entwicklung angelangt, an dem die Umwelt auf uns mehr durch das Auge als durch die Ohren wirkt. Das tritt mittlerweile ja überall zutage: in den farbenfreudigen Schaufensterauslagen, in der Gestaltung der Arbeitsräume, in den künstlerischen Farbkombinationen in unseren Wohnungen. Auch bei Autos und Flugzeugen findet man jetzt eine Vielzahl augenfälliger Farbtöne und Farbabstufungen.

FORD: Ich begrüße diese Entwicklung, weil ich Farben gern habe, besonders, wenn Farbe und Material miteinander harmonieren. Dann zeigt sich, dass auch die rechte Farbwahl ein Erfolgsfaktor sein kann.

Henry Ford in einem aus Sojafasern gefertigten Anzug.

Sicherung der Gesundheit

Beim dritten Gespräch knüpfte Ralph Waldo Trine an das bereits berührte Problem der Sicherung einer stabilen Gesundheit an.

Trine: Sie sagten, dass Sie so gut wie nie krank waren, nie einen Arzt brauchten und heute noch so gut »beieinander« seien wie in der Jugend – mit Ausnahme von ein, zwei Zähnen, die Sie vielleicht noch hätten, wenn Ihnen früher bewusst gewesen wäre, was Sie heute wissen. Und Sie brauchen, wie ich sehe, auch selten eine Brille.

Ford: Das ist richtig. Eine Brille benötige ich nur bei sehr kleiner Schrift und schlechter Beleuchtung. Im Übrigen hängt auch das gute Sehen teilweise mit der Ernährung zusammen.

Trine: Und Sie glauben, dass Ihre Augen besser werden, wenn Sie weitgehend auf die Brille verzichten?

FORD: Ja, weil ich Augenübungen mache. Rechtes Sehen lässt sich durch entsprechendes Training der Augen ebenso erreichen wie bessere Muskelleistung. Ähnliches gilt für alle Funktionen des Körpers.

TRINE: Wir sprachen davon, dass zwei Millionen Menschen in unserem Land dauerhaft krank und infolgedessen arbeitslos sind. Ich habe mich seit Jahren mit Gesundheitsfragen befasst und gedenke auch ein Buch darüber zu schreiben. Ich bin zu dem Ergebnis gekommen, dass manche Leiden von falschem Denken, andere von falscher Ernährung herrühren, zumal viele Nahrungsmittel durch falsche Behandlung, zu langes Kochen und dergleichen entwertet sind. Hinzu kommt, dass wir Speisen unzweckmäßig zusammenstellen und durchweg zu viel essen.

FORD: Zweifellos rührt ein Großteil der Beschwerden vieler Menschen daher, dass sie zu viel und nicht das Richtige essen. Ich glaube, dass es zum Teil auch mit Übellaunigkeit, Verzweiflung und sogar Kriminalität zusammenhängt. Die falsche Ernährungs- und Lebensweise ist eine Quelle vieler Übel.

TRINE: Ich würde gern von Ihnen hören, was Sie genau unter »falscher Ernährung«, verstehen. Es ist ja bekannt, dass durch die künstliche Bearbeitung viele Nahrungsmittel ihrer wertvollsten Bestandteile beraubt werden. So werden dem Getreide seine eigentlich lebenspendenden und aufbauenden Elemente entzogen, um nur ein Beispiel zu nennen. Meiner Meinung nach sollte so viel wie möglich im Naturzustand, also roh, genossen werden – namentlich das, was über der Erde wächst –, damit die Vitamine und Mineralstoffe erhalten bleiben. Wie denken Sie darüber?

FORD: Ich möchte mich nicht auf ein bestimmtes Ernährungssystem festlegen, zumal sich die Ernährungsgewohnheiten mit der Zeit ändern. Aber unzweifelhaft ist, dass es schädliche Nahrungsmittel und unzuträgliche Speisenzusammenstellungen gibt. Die Wissenschaft wird herausfinden, dass die heute übliche Kost nicht die gesündeste ist, und vielleicht wird sie uns helfen, nach und nach zu einer naturgemäßeren Ernährungsweise zu gelangen. Hier jetzt schon Richtlinien aufzustellen, erscheint mir verfrüht.

TRINE: Um ein Beispiel der Folgen falscher Ernährungsweise zu nennen, möchte ich auf den Gesundheitsbericht über die Chicagoer Volksschulen hinweisen, nach dem über achtzig Prozent der Schulkinder schlechte Zähne haben.

FORD: Und der Grund dafür?

TRINE: Er liegt meiner Meinung nach unter anderem darin, dass man weißes Mehl statt des ganzen Vollkorns verwendet, enthülsten Reis statt des braunen Reises, Hafermehl statt Vollkornhafer und anderes mehr, wodurch man diesen Grundnahrungsmitteln die Aufbaustoffe für die Zähne und für die Gesunderhaltung des Körpers entzieht. Äußere Zahnpflege allein genügt nicht, den Zähnen müssen auch die nötigen Nähr- und Aufbaustoffe zugeführt werden. Eine gesunde Nahrung muss beispielsweise die regulierend, reinigend und heilsam wirkenden Mineralsalze und Vitamine enthalten, und dies auch noch im richtigen Verhältnis zueinander. Wo das nicht der Fall ist, wird die Gesundheit des Körpers schließlich beeinträchtigt. Die einen Lebensstoffe gehen beim übermäßigen Kochen zugrunde, andere beim Schälen und so weiter.

Ford: Ich bin durchaus Ihrer Meinung, wenn ich auch einiges anders sehe. Manche Nahrungsmittel halte ich in den großen Mengen, in denen wir sie zumeist zu uns nehmen, für schädlich, vor allem Zucker, Stärke, dann noch Kaffee und Tee sowie Fleisch, besonders rotes Fleisch, das wir für unsere Ernährung gar nicht brauchen. Weizen, auch Vollweizen, mag für junge Menschen gut sein, aber nicht für ältere und auch nicht für Kleinkinder. Im Übrigen wären die Zähne kräftiger und der ganze Körper gesunder, wenn die Menschen ihre Nahrung gründlicher kauen würden; sie würden dann von selbst weniger essen.

Trine: Und Sie meinen, dass auch Gesundheit und Leistung der Augen zum Teil ernährungsbedingt sind?

Ford: Ja. Zwischen falscher Ernährung und körperlichen Defekten jeder Art besteht ein kausaler Zusammenhang. Erkrankungen des Haarbodens zum Beispiel weisen auf Ernährungsfehler hin. Aber Überernährung ist, um das nochmals zu betonen, schädlicher als zu wenig Essen. Das Beste ist auch hier das Mittelmaß.

Trine: Und zweifellos sollten wir mehr Gemüse und Salate aller Art essen, viel rohes Obst, vor allem Orangen, Grapefruit und Zitronen, deren Saft die nachteiligen Wirkungen der entarteten Kost wie der Überernährung neutralisiert. Um gesund zu sein und normal zu arbeiten, sollte der Körper sich in einem alkalischeren Zustand befinden. Und was das zuviel Essen anbelangt, erinnere ich mich, dass Sie einmal davon sprachen, dass Sie sich geistig und körperlich durch Fasten frisch halten. Heißt das, dass Sie manchmal längere Zeit fasten oder dass Sie nur hier und da eine Mahlzeit auslassen oder nur ganz wenig essen?

Ford: Wenn ich, was selten vorkommt, eine Erkältung nahen fühle und sie nicht zum Ausbruch kommen lassen will, faste ich achtundvierzig Stunden. Ich trinke dann viel Wasser, esse aber nichts. Die Erkältung kann sich nicht entwickeln und verschwindet von selbst. Noch besser ist es natürlich, es gar nicht erst so weit kommen zu lassen. Da Erkältungen wie andere Unpässlichkeiten auch im Wesentlichen eine Folge falscher Ernährung sind, bringt, wenn man etwas Falsches oder zu viel gegessen hat, achtundvierzigstündiges Fasten den Körper wieder in Ordnung. Auch sonst ist das Fasten, wenn man sich nicht auf der Höhe fühlt, eine nützliche Hilfe.

Trine: Vielleicht darf ich Ihre Feststellungen durch eine eigene Erfahrung ergänzen, die den Heil- und Gesundheitswert von Gemüse- und Fruchtsäften betrifft: Ich war einmal nach einem längeren, sehr anstrengenden Aufenthalt in New York nach Kalifornien zurückgekehrt und beschloss, da ich mich sehr abgespannt fühlte, meine Blutzirkulation und mein Wohlbefinden auf folgende Weise nachdrücklich zu fördern: Ich strich alles Schwerverdauliche von meinem Speiseplan – Fleisch esse ich als Vegetarier ja sowieso nicht – und ging dann dazu über, dreimal täglich zwischen den Mahlzeiten ein großes Glas Orangensaft zu trinken, dem ich ein Drittel Zitronen- oder Grapefruitsaft beimischte, sonst nichts. Bei den Mahlzeiten selbst achtete ich darauf, so viel frisches Gemüse der jeweiligen Jahreszeit zu mir zu nehmen wie möglich. – Über das Folgende werden Sie vielleicht lächeln: In der Nähe meiner Wohnung befand sich eine Frühstücksstube, von der ich mir regelmäßig einen Liter des Gemüsewassers, in dem der frische Spinat gekocht wurde, holte. Dieses Spinatwasser trank ich zwischendurch in großen Schlücken, hier und da zu einem Bissen Brot. All das wirkte auf mein Blut sehr reinigend und regenerierend, so dass ich mich nach kurzer Zeit wieder ganz auf der Höhe fühlte. Dazu kommt natürlich, dass ich mich recht viel im Freien in der Sonne aufhalte.

Ford: Sonne und einfache Kost sind in der Tat die natürlichsten Heilmittel.

Trine: Noch etwas! Heute wird viel von Arterienverkalkung geredet, die sich von einem gewissen Alter an einstelle. Glauben Sie, dass, wenn dieser Zustand eingetreten ist, dagegen etwas getan werden kann – etwa durch eine entsprechende wissenschaftlich fundierte Diät?

Ford: Durchaus. Auch im Alter lässt sich vieles noch gutmachen.

Trine: Das entspricht meiner eigenen Auffassung. Wenn man bedenkt, dass die Nahrung binnen vierundzwanzig Stunden ins Blut übergegangen und damit ein Teil des Lebenssaftes und der Lebenskraft des Menschen geworden ist, leuchtet es ein, dass ein enger Zusammenhang zwischen der richtigen Ernährung und der Gesundheit des Körpers besteht. Genauso wichtig ist aber auch die Atmung. Wenn man an das wunderbar feine Kapillarsystem der Lunge denkt, deren Aufgabe es ist, das Blut beim Durchfließen zu reinigen und mit frischem Sauerstoff zu versehen, wird einem klar, dass das bewusste Einatmen frischer Luft in vollen tiefen Zügen fast augenblicklich die Beschaffenheit des Blutes und damit den Zustand des Körpers wohltuend beeinflusst. Immer mehr Menschen erkennen diese Zusammenhänge und interessieren sich für Fragen der richtigen Lebensweise.

Ford: Vielleicht werden Ernährungsexperten eines Tages auch eine Nahrungsmittelkombination herausfinden, die die Entfaltung und Steigerung der Willenskraft begünstigt. Man weiß heute ja alle möglichen körperlichen Störungen durch Diät zu beseitigen, warum also nicht auch seelische Störungen und Willensschwäche, so weit diese vom Körper beeinflusst werden können? Schließlich gehört zu normaler Gesundheit auch ein gesunder Wille.

Trine: Vielleicht ist daran mehr, als wir heute ahnen.

Ford: Dessen ungeachtet gebe ich, wie gesagt, niemals Ernährungsratschläge, sondern beschränke mich darauf, herauszufinden, welche Nahrung für mich die beste ist, wozu dann noch die Gepflogenheit gründlichen Kauens und zeitweisen Fastens kommt. Aber Ernährungsvorschriften für andere aufzustellen, ist nicht meine Sache.

Trine: Dieser Standpunkt ist richtig, wie gegenteilige Erfahrungen zeigen. Einer meiner Freunde, Elmer Gates – Professor für praktische Psychologie, der sich auch mit Gesundheits- und Ernährungsfragen befasst –, berichtete mir von einem alten Herrn, der sich so ausschließlich mit Ernährungsproblemen beschäftigte, dass man ihn als Ernährungsfanatiker bezeichnen konnte. Bei einem Gespräch, in dem Gates zu dem ja auch von uns bejahten Schluss kam: »Der Mensch ist nicht das, was er isst, sondern, was er denkt«, widersprach der alte Herr: »Nein, der Mensch ist, was er isst. Wer viel Fleisch isst, wird dem Tier gleich, dessen Fleisch er isst; darum esse ich Nüsse.« Das zeigt wohl deutlich genug, wie abwegig es ist, einseitig eine Ernährungsweise für alle festzulegen. Was mir bekommt, muss nicht auch für alle anderen gut sein. Jeder muss selbst herausfinden, was für ihn das Beste ist.

Ford: Genau danach handle ich. In unseren Schulen haben wir dazu entsprechende Versuche angestellt. Als im Winter einige Schulkinder krank waren, wurde die Art ihrer häuslichen Ernährung ermittelt und dann von der Schule aus für einen entsprechenden Ausgleich gesorgt durch Mahlzeiten, die wir in der Schule verabreichten, was sich dann auch als ganz richtig erwies. In unserer Gewerbeschule bekommen alle ihr Essen durch uns, und sie lernen dabei, sich besser als bisher zu ernähren. – Natürlich gibt es auch andere Krankheitsursachen. So fehlten in einer anderen Schule eine Anzahl Kinder auffallend oft wegen Krankheit. Als Ursache entdeckten wir, dass sie den drei Kilometer langen Weg zur Schule regelmäßig mit dem Bus fuhren. Da neben der Straße ein eingezäunter Weg verlief, veranlassten wir daraufhin, dass die Kinder, um mehr Bewegung in frischer Luft zu haben, einen Kilometer vor der Schule ausstiegen und den Rest des Weges zu Fuß gingen. Ebenso wurde es auf dem Heimweg gehalten. Seitdem sind die Kinder gesund.

Trine: Wir wären alle gesünder, wenn wir uns mehr draußen in der frischen Luft bewegen und die Sonne mehr an unseren Körper heranlassen würden. Dadurch wird vielen Erkrankungen vorgebeugt.

Ford: Und vorbeugen ist weiser als hinterher heilen. Aus dem gleichen Grund sollten richtig geführte Krankenhäuser Gesundheitsschulen sein.

Trine: Ganz meine Meinung. Wie wohl jeder habe auch ich meine kleinen Vorbeugungsmittel. So trinke ich morgens vor dem Frühstück den Saft einer halben Zitrone in einem großen Glas Wasser. Und bei der morgendlichen Mund- und Zahnpflege gurgele ich immer mit Salzwasser, das die Schleimhäute kräftigt. Salz ist ein sehr gutes Putz- und Pflegemittel für die Zähne.

Ford: Und für den Haarboden. Ein Teelöffel Salz, in Wasser aufgelöst und in die Kopfhaut eingerieben, kräftigt das Haar.

Trine: Um nochmals auf die Notwendigkeit der körperlichen Bewegung zurückzukommen: Was halten Sie von Gymnastik?

Ford: Wer sich körperlich auf der Höhe fühlt, braucht nicht viel davon. Zu den besten körperlichen Übungen gehört der tägliche Spaziergang. Ich mache mit meiner Frau regelmäßig nach dem Abendessen einen Spaziergang von zwei Kilometern.

Trine: Das wirkt außerdem schlafördernd. Haben Sie das nicht auch festgestellt?

Ford: Ich habe festgestellt, dass wir, wenn wir richtig leben und uns richtig ernähren, weniger Schlaf brauchen, weil wir dann gut schlafen. Ich schlafe acht Stunden und stehe früh auf.

Trine: Und Sie rauchen nicht, wie ich weiß.

Ford: Nein, das Rauchen erscheint mir sinnlos. Wie mir Edison einmal erklärte, hat er die Wirkungen des Zigarettenrauchens untersucht und festgestellt, dass es die Nerven belastet und die Gehirnzellen schädigt, besonders bei jungen Menschen, weshalb er in seinem Unternehmen keine Raucher einstellte.

Trine: Ich wende mich nicht gegen das Rauchen, meine aber, dass das übermäßige Rauchen, wie es heute besonders bei jungen Leuten beiderlei Geschlechts zur Mode geworden ist, außerordentlich nachteilig ist. Diese Unsitte bedeutet nämlich eine ernste Gefahr, weil sie das Nervensystem der jungen Menschen zerrüttet und zudem an dem überhandnehmenden Genuss von Rauschmitteln schuld ist, ganz abgesehen davon, dass das Rauchen den Schleimhäuten sehr unzuträglich ist, deren Widerstandskraft dadurch geschwächt wird.

Ford: Für sehr wichtig und beachtenswert halte ich auch den Zusammenhang zwischen Rauchersucht und Willensschwäche. Ein Bekannter von mir war ein starker Raucher. Wir konnten uns keine zehn Minuten unterhalten, ohne dass er ein paar Züge tat. Er zündete ein Streichholz nach dem anderen an. Das Rauchen war bei ihm zur Manie geworden und hatte bereits bewirkt, dass er stark abmagerte und blaue Lippen bekam. Er war dem Tabak wie einem Narkotikum verfallen und wie ein Trinker an dem Punkt angelangt, wo er nicht mehr davon lassen konnte, obwohl er wusste, dass es für seinen Körper Gift war. – Ich fragte ihn, warum er das Rauchen denn nicht einfach ließe, worauf er meinte, er wolle wohl, könne aber nicht. Wenn ich ihm energisch rate, es zu lassen, wolle er es versuchen. Ich erklärte ihm: »Gut, geben Sie es sofort auf, von diesem Augenblick an und für immer! Sie werden sich schon nach kurzer Zeit viel wohler fühlen!« – Einige Jahre darauf begegnete ich ihm wieder und fand ihn wohl, gesund und kräftig aussehend.

Er hatte das Rauchen damals auf meinen Willensimpuls hin augenblicklich ganz und gar aufgegeben und seitdem dreißig Pfund zugenommen. – Ähnliches habe ich auch bei anderen starken Rauchern erlebt, die in unseren Werkstätten und Büros nicht rauchen durften: Man konnte sehen, wie das Nichtrauchen ihnen zum Segen gereichte. Darum erstreckt sich das Rauchverbot zum Besten unserer Mitarbeiter auf unsere sämtlichen Unternehmungen.

Trine: Und was halten Sie vom Trinken?

Ford: Das Gleiche wie vom Rauchen. Wir wollen keine Mitarbeiter, die trinken, und wirken darum auch hier für Aufklärung und Abhilfe durch Gewöhnung an eine gesunde Denk-, Lebens- und Ernährungsweise.

Exkurs: Das Hanf-Auto

Henry Ford beschäftigte sich seit 1920 mit der Verwendung nachwachsender Rohstoffe. Am 13. Januar 1942 erhielt er das Patent für ein Auto mit hanffaserverstärkter Kunststoffkarosserie, dessen Motor mit Hanföl lief und das um ein Drittel leichter war. Er stellte es am 13. August 1941 bei den Dearborn Days vor, einem jährlichen Fest des Stadtteils von Detroit, in dem die Ford-Werke ihren Sitz haben, und zeigte es später im Jahr auch auf dem Michigan State Fairgrounds in Detroit. Er wollte damit die Früchte der Industrie mit denen der Landwirtschaft verbinden und erklärte, ein solches Auto sei sicherer als traditionelle Stahlautos und könne sich sogar überschlagen, ohne beschädigt zu werden, da es um das Zehnfache stoßfester ist. Außerdem wurde vor dem Zweiten Weltkrieg das Metall knapp. Der Kriegsausbruch beendete alle weiteren diesbezüglichen Experimente, obwohl ein zweites Exemplar gerade gebaut wurde. Die amerikanische Stahlindustrie hatte bereits 1937 ein Verbot des Anbaus von Hanf erwirkt, und das einzige existierende Exemplar des »Hanf-Autos« wurde 1951 zerstört.

Henry Ford mit seinem langjährigen Freund, dem Erfinder Thomas Alva Edison (1847-1931)

Sinn der Religion

Beim vierten Gespräch ging Trine von Fords Aufgeschlossenheit für ein neues Denken aus, von seiner wachen Bereitschaft, sein Wissen und Können durch ständiges Experimentieren zu erweitern. Dabei komme es Ford, eigenen Worten nach, ähnlich wie seinem Freund Thomas Alva Edison nicht darauf an, ob 99 oder 999 Versuche zur Erzielung eines optimalen Ergebnisses erforderlich seien. Sein Ziel bleibe stets höchstmögliche Vollendung. Das gelte auch für die Lösung der Letzten Fragen, der geistig-religiösen Probleme.

Trine: Welcher Art ist Ihre Religion, wenn ich diese Frage stellen darf?

Ford: Wer immer sich mit Religion befasst, gelangt wohl dahin, sich teils durch Nachdenken, teils auf Grund von Erfahrungen seine eigene religiöse Anschauung zu bilden – genau so, wie beim Denken jeder seiner Individualität Ausdruck verleiht und auch dabei am liebsten von eigenen Versuchen und Erfahrungen ausgeht.

Trine: Wie meinen Sie das?

FORD: Ich meine damit nicht die mehr zufälligen Alltagserfahrungen, sondern jene, die man durch eigenes Forschen und bewusstes Experimentieren erwirbt und dann als Beweis für oder gegen etwas wertet. Ich glaube, dass wir auch im Hinblick auf die Religion Versuche durchführen und Erfahrungen gewinnen können und dass die Punkte, in denen die Erfahrungen der meisten Menschen übereinstimmen, als gemeinsame Grundlage der Wahrheit gelten können. Nicht, dass ich die Religion als ein besonderes, für sich stehendes Gebiet ansehe, sie umschließt und durchdringt vielmehr alle Bereiche des Lebens.

TRINE: Religion ist demnach …

FORD: … für mich ein Sammelbegriff für alles, was wir glauben, für unsere Grundhaltung im Leben, für unsere Einstellung zum Höheren, Unsichtbaren, zu unseren Daseinspflichten, unseren Mitgeschöpfen und zum Leben selbst.

TRINE: Das ist einleuchtend, sagt aber nicht, welcher Art nun Ihre Religion ist.

FORD: Unmöglich, ein Glaubensbekenntnis zu umreißen! Es ist schwer, manches, was man glaubt, in Worte zu kleiden, nicht hingegen, es zu leben. Und darauf allein kommt es an. Insofern weiß ich bald, zu welcher Religion ein Mensch sich bekennt, weil sie in der Art zum Ausdruck kommt, wie er dem Leben begegnet, wie er handelt. Will man den Glauben eines Menschen kennenlernen, darf man nicht auf das hören, was er als sein Bekenntnis vorträgt, sondern sollte auf das achten, was er tut.

Trine: Richtig. Und wie stehen Sie zur Kirche? Hat sie noch einen Platz im Leben der Menschen?

Ford: Daran zweifle ich nicht. Die Kirche – ich meine hier die sichtbare Kirche, das Gebäude – tut denen gut, die sie betreten. Ich möchte sagen, dass es unmöglich ist, eine Kirche zu betreten, ohne einen inneren Gewinn davonzutragen. Die geistige Atmosphäre einer Kirche wirkt segenbringend, weil sie vom Lichtstreben, den Impulsen des Glaubens und Vertrauens aller, die in ihr weilten, durchtränkt ist: Sie alle haben hier etwas von ihrem Denken und Fühlen, ihrer Überzeugung und Glaubenskraft zurückgelassen, das denen, die nach ihnen eintreten, zum Segen gereicht. Trotzdem bin ich kein regelmäßiger Kirchgänger. Ich betrete am liebsten eine Kirche, in der man mich nicht kennt, etwa – wenn ich an den Seen weile – eine Indianerkirche.

Trine: Sie haben offensichtlich sehr viel über Religion nachgedacht.

Ford: Wie wohl die meisten Menschen. Religion ist etwas, mit dem sich jeder auf seine Weise auseinandersetzen, über das er mit sich selber ins Reine kommen muss. Geschieht das, dann dämmert ihm gewöhnlich auch das, was man den »Trost der Religion« nennt.

TRINE: Und der Glaube heute …

FORD: … war vielleicht einst Wissen. Ich bin sicher, dass es eine Zeit gab, in der die Menschen um die Dinge wussten, an die wir heute glauben oder die wir durch gläubige Hingabe zu erfassen versuchen. So gesehen ist der Glaube ein Weg zum Wissen: Er kann uns die Gewissheit zurückgeben, die die Menschheit einst besaß, aber wieder verloren hat … Vielleicht ist irgendwann etwas geschehen, durch das die Menschheit, die damals der Natur näher war, wie unter eine Wolke geriet, wodurch Dinge, die einst sonnenklar waren, so verdunkelt und verschleiert wurden, dass man sie heute nur noch gläubig hinnehmen kann.

TRINE: Ich werte den Glauben als einen Schlüssel zur Berührung und Harmonie mit dem Unsichtbaren.

FORD: Auch ich glaube, dass wir mit allem, was uns umgibt, innerlich eins sind. Jeder Mensch ist eine Welt im Kleinen mit dem Selbst als dem lenkenden Zentrum, wobei Millionen Kleinst-Einheiten das ausmachen, was wir unser »Ich« nennen. Zugleich stehen wir durch sichtbare und weit mehr unsichtbare Fäden, Strahlungen und Wirkungen, die von uns ausgehen, alle miteinander in lebendigem Kontakt und beeinflussen uns gegenseitig. – Manchmal fühle ich, dass jeder Glaubensimpuls ein Versuch ist, Kräfte und Gewissheiten in uns wiederzuerwecken, die die Menschen einst besaßen. – Und vielleicht waren wir es einst selbst, haben es selbst durchlebt und versuchen heute, das versunkene Wissen zurückzugewinnen und die unterbrochene Verbindung mit dem Ewigen aufs Neue und vollkommener herbeizuführen.

Trine: Diese innere Verbundenheit aller Wesen untereinander und mit dem Ewigen …

Ford: Davon bin ich überzeugt. Wir sind geistige Zentren, die ständig Myriaden Gedankenbotschaften ausstrahlen und von anderen empfangen. Deshalb ist im Grunde keiner allein und hilflos. Alle Kraft und alles Wissen der Welt ist für jeden erreichbar, der sich darum bemüht. Je bewusster das geschieht, desto größer ist der Gewinn.

Trine: Sie deuteten bereits an, dass Sie an Reinkarnation, an Wiederverkörperung glauben.

Ford: Ja, sie erklärt vieles, was sonst unverständlich bleibt. So entspricht es meiner Überzeugung, dass das Sammeln von Erfahrungen der Zweck des Daseins ist. Im Übrigen ist der über die ganze Welt verbreitete Glaube, dass das Leben ohne Ende ist, dass wir immer wiederkehren und weiterleben, uralt. Heute glauben wir es – aber es gab eine Zeit, in der wir es *wussten*. Die Lehre von der Wiedergeburt bietet die einleuchtendste Erklärung für die krassen Ungleichheiten im Reich des Lebens, für die Unterschiede an Weisheit und Reife bei den verschiedenen Menschen …

Trine: Und auch für die Unterschiede im Vermögen der Menschen, Erfolg zu haben und das Leben zu meistern?

Ford: Es kommt darauf an, was man unter »Erfolg« versteht. Erfolg ist weder Ruhm noch Reichtum. Viele, die ich nicht erfolgreich nennen würde, besitzen beides. Nein, erfolgreich sein bedeutet für mich, zu befriedigender Sinnerfülltheit des Lebens zu gelangen. Von dieser Art Erfolg gibt es mehr, als den meisten bewusst ist, wie es auch viel mehr wirklich große Menschen gibt, von denen die Masse nichts ahnt.

Trine: Letztlich ist echter Lebenserfolg eine Frage der religiösen Haltung. Das begreifen manche nicht, die unter Religion lediglich die Einhaltung des Sonntags verstehen. Wie denken *Sie* übrigens über den Sonntag?

Ford: Ich halte ihn für eine weise Einrichtung. Die tätigsten Nationen in der Welt erweitern ihre Arbeit und Geschäftigkeit zunehmend, machen aber an einem Tag der Woche Halt. Schulen, Läden, Banken, Ämter, Gerichte, Parlamente schließen am Sonntag. Und man kann feststellen, dass die Völker, die am meisten vorankommen, jene sind, die am meisten aus dem Sonntag machen, vielleicht, weil die gleiche Weisheit, der sie ihre Erfolge verdanken, sie auch den Wert des Sonntags erkennen ließ, oder weil ihnen die Sonntagsruhe mit zu der Weisheit verhalf, die sie erfolgreich vorankommen ließ.

Trine: Und wie halten Sie es in Ihrem Unternehmen?

Ford: Da wird der Sonntag strikt eingehalten. Jeder Mensch braucht einen freien Tag in der Woche, und zwar nicht irgendeinen, sondern denselben wie alle anderen. – Und ich meine, dass gerade der Arbeiter, der durch eine Beeinträchtigung des Sonntags am stärksten betroffen würde, mit aller Entschiedenheit am Sonntag festhalten sollte. Ja, ich finde sogar, dass unter den heutigen Arbeitsverhältnissen ein Tag nicht genug ist. Deshalb haben wir ja die fünftägige Arbeitswoche eingeführt, damit unseren Mitarbeitern genügend Zeit bleibt, in vernünftiger Weise für ihre privaten Lebensbedürfnisse und ihre geistige Weiterbildung zu sorgen.

Trine: Da wir gerade vom Arbeiten sprechen: Wie beurteilen Sie die vieldiskutierten Schwierigkeiten der Arbeitsbeschaffung für ältere Menschen?

Ford: Ich bin gegen Altersgrenzen. Entscheidend ist zu jeder Zeit nur die Leistung. Manche meinen, ein Mann über Fünfzig sei nichts mehr wert. Wenn alle Männer über Fünfzig sich von der Arbeit in der Welt zurückzögen, würde es bald in jedem Betrieb an der nötigen Erfahrung fehlen und alles würde ins Stocken geraten. Heute sind die Menschen in den fünfziger Jahren nicht mehr so »alt« wie früher; vielmehr gilt dieses Alter heute als Lebenshöhe. Zweifellos gehört die größere Mannigfaltigkeit der Interessen mit zu den Faktoren, die bewirken, dass die Menschen heute länger jung bleiben.

Trine: Zu diesen Faktoren gehört auch die größere Aufgeschlossenheit für die Wunder des Lebens und die lebendigere Naturverbundenheit. Ich denke hier an unseren gemeinsamen Freund Burroughs, den Natur- und Tierschützer im Geist

Emersons, der zum größten Naturschilderer unseres Landes wurde. Ich erinnere mich des Bekenntnisses in seinem Buch *Gipfel der Zeiten*, das ich in einem meiner Lebensbücher zitiert habe: »Ich bin«, sagt er, »in diese Welt verliebt und habe mich mit Freude in ihr eingenistet. Sie ist mir zur Heimat geworden. Von dieser Erde aus habe ich meine Blicke ins Weltall gerichtet. Ich habe mich weder an den Härten des Daseins gestoßen noch versucht, es zu unedlen Zwecken zu missbrauchen. Ich habe den Boden bearbeitet und getan, was die Jahreszeiten erforderten, und ich habe stets geerntet, was ich säte. Und wenn ich den Acker umgrub, habe ich dabei nie den Himmel über mir aus den Augen verloren. Und wenn ich die Ernte in die Scheuer sammelte zu Speis und Trank für meinen Körper, habe ich darüber nie versäumt, auch das einzusammeln, was das Erdenleben mir an Speis und Trank für die Seele bot.« – Entspricht das nicht dem heutigen Lebensgefühl erhöhter Weltaufgeschlossenheit, Daseinsbejahung und frohen Schöpfertums? Heute scheint uns alles zu produktivem Handeln aufzurufen und zur Bereicherung unseres Daseins.

Ford: Das hat sein Gutes, insbesondere, wenn dabei die Gefahr des Verlustes anderer Werte vermieden wird.

Trine: Richtig. Die Technik mit ihren Errungenschaften – Autos, Flugzeuge, Radio und dergleichen –, das Großstadtleben mit seinem Lärm, seinen Vergnügungen und seiner Unrast – all das birgt die Gefahr, dass wir uns immer weiter vom Mittelpunkt des Lebens in unserem eigenen Inneren entfernen, in dem der wahre Friede, die volle Befriedigung und das wirkliche Glück wurzeln.

Ford: Um so notwendiger ist der Sonntag als Tag der Besinnung.

Trine: Ja. Und darüber hinaus sollten wir uns – als Ausgleich für die wachsende Unrast und als Mittel, uns vor dem Absinken unserer Lebenskraft zu bewahren – bewusst und mit aller Entschiedenheit angewöhnen, jeden Tag eine Weile in die Stille zu gehen, damit auch das innere Leben sich entfalten und auswirken kann. Sie selbst haben den Wert solcher schweigenden Selbstbesinnung erkannt, wenn Sie, wie es Ihre Gewohnheit ist, des Öfteren allein, manchmal stundenlang, nachsinnend in der Stille Ihres Gartens sitzen. Und wenn ich mich richtig erinnere, stammen auch diese Worte von Ihnen: »Wie wär's, wenn wir alle im Frühjahr oder Sommer aufs Land zögen und eine Zeitlang das gesunde Dasein eines Landmanns führten?« Das entspricht den Worten Burroughs über die ländliche Stille: »Ich komme gern hierher, um zu mir selbst zu finden; denn man verliert sich gar zu leicht im Getriebe der Welt.« – Ohne dieses zeitweise Zurückziehen in die Stille der Natur laufen wir Gefahr, uns dem wahren Leben zu entfremden, und dann werden die seelisch-geistigen Kräfte in ihrer Entfaltung gehemmt und verlieren ihre Führerrolle.

Ford: Das ist wahr. Die eigentliche schöpferische Arbeit wird in der Stille vollbracht. Dabei braucht Stille nicht unbedingt körperliche Ruhe zu sein. Wenn ich zum Beispiel tief in einem Arbeitsproblem stecke und an einen Punkt komme, wo ich nicht mehr weiter weiß, schalte ich einfach ab, lege das Problem beiseite und versuche es zu vergessen, indem ich mich einer anderen Arbeit widme. Hole ich das Problem dann nach einiger Zeit wieder hervor, geht es plötzlich voran, weil das Problem sich in der Stille geklärt und gelöst hat. – Ich will damit nur sagen, dass es verschiedene Wege zum gleichen Ziel gibt und dass jeder seinen eigenen Weg selbst herausfinden muss.

TRINE: Das ist eine sehr nützliche Feststellung. Aus meiner Erfahrung und der anderer, die ich kenne, weiß ich, wie förderlich es ist, täglich ein- oder mehrmals in der Stille in ruhigem Nachsinnen, in schweigender Meditation zu verweilen, um der inneren Verbundenheit mit dem Urquell des Lebens und der Kraft wieder lebendig bewusst zu werden. Der Gewinn wächst, wenn dies zu einer täglich geübten Gewohnheit wird, weil wir dann an einen immer sprudelnden Kraftquell angeschlossen sind und weder Müdigkeit und Unlust noch Niedergeschlagenheit kennen.

FORD: Bei Niedergeschlagenheit kann ich nicht mitreden, da ich sie nie erlebt habe. Soweit ich sie bei anderen beobachten konnte, erschien sie mir als ein Übel, das sich beseitigen lässt, weil sie eine Auswirkung negativer Vorstellungen ist, denen man in seinem Bewusstsein Platz einräumte. Man kann sich hier selber helfen, indem man sich entspannt und innerlich auf neue positive Gedanken und Gefühle umschaltet. – Zu den negativen Vorstellungen zähle ich auch das Missgefühl, das manche haben, weil sie vermeintlich nicht auf derselben Stufe leben wie ihre Nachbarn: Ihnen hat die Überschätzung der Stellung anderer den Sinn ihres Daseins und den Wert ihres eigenen Lebens verdunkelt. Die so denken, können durch Selbstbesinnung zu normaler Geisteshaltung zurückfinden. Sie werden dann gerecht gegen sich selbst und hören auf, falsche Ansprüche und Erwartungen zu hegen. – Gleiches gilt von der Überschätzung des Geldes.

Trine: Ihrer Einstellung zum Geld, zum Sparen und zum rechten Gebrauch des Geldes haben Sie bereits Ausdruck verliehen. Ich bin mit Ihnen der Meinung, dass es ebenso weise wie nützlich ist, Zeit und Geld vor allem in den Dingen anzulegen, die uns für die Meisterung des Daseins besser ausrüsten.

Ford: Wobei es gilt, auf das richtige Gleichgewicht zwischen Sparen und Ausgeben zu achten.

Trine: Das bedeutet, man sollte beachten, dass Gott, der »die Vögel unter dem Himmel nährt«, ihnen die Nahrung nicht ins Nest legt und dass es für jedes Wesen gilt, durch rechtes Denken und Handeln nicht nur den Augenblick zu meistern, sondern zugleich für die Zukunft vorzusorgen. Das muss gerade in unserem Land betont werden, in dem die meisten Fünfundsechzigjährigen sich nicht im Geringsten durch weise Vorsorge, durch Ersparnisse, Lebensversicherungen oder auf sonst eine Art wirtschaftlich unabhängig gemacht haben. Gewiss ist unser Land derzeit wirtschaftlich obenauf, aber keiner kann sagen, dass es immer so sein wird. Das Pendel der Entwicklung schwingt ständig hin und her. Die Linie des Fortschritts ist keine Gerade, sondern eine Kurve mit vielen Tiefs und Hochs. Und eine Menge Menschen geben gedankenlos mehr aus, als sie verdienen; sie leben nur dem Augenblick und schaffen sich für die Zukunft Sorgen statt Sicherheit.

FORD: Ich habe wiederholt ähnliche Gedanken vertreten, bin aber nicht immer richtig verstanden worden. Die bisherigen Vorstellungen von Wirtschaftlichkeit entstammen einer Zeit, als unser Land noch wenig Einwohner hatte, die Farmer meist mühsam steinigen Boden bewirtschaften mussten und Mangel und Not hinter der Tür lauerten. – Damals war das Leben für die meisten schwer und die dadurch bewirkte Enge der Anschauung galt fast als religiöse Tugend. Ein typisches Produkt jener Zeit war der Geizhals, der in Sparsamkeitsvorstellungen lebte, die aus Angst und Engherzigkeit erwuchsen. Von einer solchen engstirnigen Lebensauffassung sind wir heute frei. Als beste Form der Sparsamkeit gilt heute, dass man sein Einkommen laufend vergrößert, indem man durch ständige Weiterbildung sein Wissen und Leistungsvermögen fortschreitend erhöht. Das ist es, was ich jungen Menschen zu bedenken gebe, damit sie Freude daran finden, mehr zu verdienen, um vom Überschuss einen Teil für die Zukunft einzusetzen. Denn junge Leute neigen dazu, das, was sie haben, auszugeben, weshalb man ihnen zeigen muss, wie sie ihr Geld zu ihrem eigenen Besten vernünftiger ausgeben. Das rechte Ausgebenkönnen ist ein wichtiger Teil der Lebenskunst.

Trine: Ganz meine Meinung.

Ford: Die menschliche Gesellschaft lebt nicht vom Anhäufen, sondern vom Umsatz. Reserven werden zweckmäßig nicht dadurch angelegt, dass man sich das Nötigste versagt, sondern durch weise Anlage eines Teils des Überschusses. Es ist wie bei der Gesundheitsvorsorge: Sie geschieht nicht dadurch, dass man seinem Körper das Nötigste vorenthält, sondern in der Weise, dass man aufs Beste für die Erhaltung und Erhöhung seiner Kraft, Gesundheit und Leistungsfähigkeit sorgt.

Trine: Das ist ein positiver Gedanke, dessen Befolgung jedem zum Segen gereicht. Wir sprachen ja schon von der schöpferischen Aufbaukraft rechten Denkens. Und Sie betonten mit Recht die Notwendigkeit, vor Beginn einer Arbeit oder eines neuen Unternehmens das Idealbild dessen, was man vollbringen und erreichen will, im Geist zu gestalten und ständig vor Augen zu haben. Denn eben durch dieses geistige Vorausgestalten des bejahten Erfolgs wird die in gleicher Richtung arbeitende innere Kraft in Bewegung gehalten.

Ford: Nun, im Grunde stellt sich jeder das, was er tun und erreichen möchte, im Geist vor. Manche blicken dabei nur auf den Anfang, andere machen sich ein lebendiges Bild des Ganzen und sichern damit nicht nur den guten Beginn, sondern auch den Enderfolg. Die Art dieser geistigen Vorarbeit kann als Maßstab dafür gelten, wie weit einer den Erfolg seiner Arbeit wirklich wünscht. Ist er ganz auf sein Werk eingestellt, passt es sich ihm an.

TRINE: Was Sie von der Arbeit sagen, gilt genauso vom Leben. Auch hier kommt es darauf an, das, was wir erreichen wollen, geistig in positiven Vorstellungen vorauszubilden und dabei unser Denken und Wollen auf höchste Ziele zu richten. Das ist ja auch der Sinn der Religion. Darf ich dazu sagen, wie ich hierüber denke?

FORD: Aber gern.

TRINE: Ich sehe in der Religion ein Element, das uns in den täglichen Angelegenheiten und Nöten die beste Hilfe leistet. Jesus mit seiner wunderbaren Gabe, die seelisch-geistigen Gesetzmäßigkeiten und die großen Lebenswahrheiten zu durchschauen, hat eine Wahrheit ausgesprochen und durch sein Leben überzeugend demonstriert, die als das wichtigste Lebensgesetz gelten darf. Er erkannte, dass die Zeit für ein neues Denken und Leben reif war und dass es für die Menschen gelte, eine neue höhere Bewusstseins- und Lebensstufe zu erklimmen. Er selbst hatte diese Stufe erreicht. Er nannte sie das »Reich Gottes«.

FORD: Davon sprach er in verschiedenen Wendungen.

Trine: Richtig. »Das Reich Gottes ist nahe herbeigekommen« war sein erster Hinweis darauf, den er oft wiederholte. Es folgte die eindringliche Mahnung: »Trachtet am ersten nach dem Reiche Gottes; dann wird euch alles übrige von selbst zufallen.« Er ließ die Menschen nicht im Unklaren, was er damit meinte: »Man wird auch nicht sagen: siehe, hier, oder: dort ist es; denn sehet, das Reich Gottes ist inwendig in euch.« Er verwies die Menschen damit auf ihr eigenes Inneres, auf den göttlichen Geist in ihnen. Und er ergänzte diesen Hinweis durch die Erläuterung: »Gott ist Geist« – und Geist ist Leben. Das war seine Botschaft, dass das Leben, das allumfassende Leben, Gottes Geist und, als solcher, zugleich der innerste Kern unseres eigenen Wesens ist. Von sich sprach er nicht anders, als dass sein Leben mit dem göttlichen Leben – mit Gott, den er »Vater« nannte – eins sei, und er wies darauf hin, dass das Gleiche für alle Menschen gelte. Auch *wir* müssen das göttliche Leben in unserem eigenen Innern erkennen, damit auch uns bewusst wird, was ihm gewiss war. Hierin liegt das Geheimnis seiner wie unserer Kraft.

Ford: Unser Geist ist …

Trine: … der zentrale Kern unseres Wesens, der Mittler in uns, durch den wir unser Denken und Leben in Harmonie bringen müssen und können mit dem unendlichen göttlichen Leben und Sein, damit es sich immer vollkommener in uns und durch uns für alle offenbare. Die unendliche Lebenskraft, die dem göttlichen Sein entströmt, ist ständig in und um uns am Werk, aber wir müssen bewusst mit ihr in Berührung kommen, uns ihr bereitwillig aufschließen und freudig an sie anschließen, damit sie immer stärker durch uns und für uns leuchtet und wirkt. »Lebt dieses neue Leben!«, mahnt Jesus und fährt fort: »Sorget nicht für euer Leben, sondern trachtet zuerst nach dem Einssein mit dem Reiche Gottes in euch, dann fließt euch alles zu, dessen ihr bedürft.« Die Allkraft und Allfülle ist für alle da. Wer sich willentlich mit ihr verbindet, schöpft unmittelbar aus dem Urquell des Lebens und erfährt dann, dass die göttliche Kraft durch ihn und für ihn wirkt, was sie durch Jesus wirkte. Das ist die Hilfe, die uns allezeit gegenwärtig ist.

FORD: Das ist auch mir stets als Sinn des Daseins und als höchste Lebensweisheit erschienen. Es wäre gut, wenn diese Wahrheit den Menschen so deutlich gemacht werden könnte wie irgendein Naturgesetz.

TRINE: Die allgemeine Zunahme des Wissens um die feineren Kräfte des Lebens und des Alls wird diesen Prozess fördern. Wir wissen heute, dass die geistige Energie das ganze All durchdringt, dass der Geist die lenkende und bewegende Kraft in allem Geschehen wie im Leben jedes Wesens ist. Bringen wir durch unseren Geist unser Leben in Harmonie mit der universellen geistigen Energie, dann entsteht etwas, das wir in seinen Ausmaßen und Auswirkungen heute noch nicht voll übersehen, dessen wir aber sicher sein können. Immer mehr Menschen erkennen und verstehen heute, dass Jesus wusste, was er sagte. Mehr und mehr wird die Einheit der Naturgesetze und der geistigen Gesetze erkannt – und damit wieder der Sinn der Religion als Weg zum lebendigen Bewusstwerden und Gewisssein der Gegenwart der göttlichen Kraft in der Seele des Menschen.

FORD: Es ist gut und richtig, diese Zusammenhänge so einfach wie möglich klarzustellen. Manche mögen meinen, dass damit der Schleier vor dem Heiligsten weggezogen werde, aber vielleicht werden dahinter noch weit größere und erhabenere Wirklichkeiten sichtbar. Heute gilt es, das große Gesetz des Lebens nicht nur zu erkennen, sondern es zu bestätigen und für sich einzusetzen, damit wir das Höchstmögliche aus unserem Leben machen.

TRINE: Geschieht das, dann werden wir dessen inne, was Jesus das »Reich Gottes« nannte. Dieses Wissen um das Lebensgesetz und die durch rechtes Denken und Handeln erreichte neue Lebensmacht ist der erste Schritt zu weit höheren Gipfeln der Vollendung. – Aber bleiben wir bei dem, was schon heute von jedem als Gewissheit gewonnen werden kann! Vielleicht darf ich an einem Beispiel verdeutlichen, was ich meine: Ich besuchte kürzlich einen Freund in der Wall Street, einen leitenden Beamten der größten finanziellen Organisation unseres Landes und der Welt, einen Bewunderer Ihres Werkes, der Sie einmal ein paar Tage besuchte und mit Ihnen hinter den Schleppern und Geräten auf Ihren Dearborner Feldern herging. Sie wissen nun wohl, wen ich meine …

FORD: Natürlich.

TRINE: In unserem Gespräch, das sich um die gleichen Fragen drehte, die wir gerade behandeln, ergab sich unsere Übereinstimmung in der Auffassung der Botschaft Jesu. Ich bemerkte dann, dass, wie die Planeten und Sonnen auf ihren Bahnen von der geistigen Macht, die sie schuf, gelenkt werden, auch im Leben jedes einzelnen Wesens die gleiche geistige Macht lenkend und ordnend am Werk ist. Und ich fragte ihn, ob er auch davon überzeugt sei. »Unbedingt«, sagte er, und führte einen einleuchtenden Beweis dafür an. »Vor zwanzig Jahren«, berichtete er, »war ich geistig, körperlich und wirtschaftlich am Ende. Damals, als alles ungewiss und düster vor mir lag, geschah es, dass ich mir – vielleicht als Antwort auf meinen Verzweiflungsschrei – plötzlich dieser Grundwahrheit des Lebens bewusst wurde. Im gleichen Augenblick verschwanden Angst und Sorge, Ungewissheit und Verzweiflung. Ich fühlte neue Lebenskraft in mir aufquellen und ging mit frischem Mut an die Arbeit. Von da an begannen sich meine Geschäfte gedeihlich zu entwickeln. Und seitdem ist es mir ein Bedürfnis und meine größte Freude, diese befreiende Erkenntnis, die nicht Theorie oder bloßer Glaube ist, sondern erfahrungsgeborene Gewissheit und lebendige Wirklichkeit, auch meinen Mitarbeitern und Freunden zu vermitteln.«

FORD: Andere haben Ähnliches erfahren.

TRINE: So ist es. Ich treffe immer wieder Menschen, die zu dieser Lebenswahrheit fanden und froh und dankbar bezeugen, dass die Botschaft Jesu auf das elementare und universelle Lebensgesetz hinweist, das, einmal begriffen und beachtet, bewirkt, dass die Menschen von da an als allvertrauende und schöpferische Tatmenschen ihren Weg gingen. Aber es gibt viel mehr Menschen, sie noch nicht darum wissen, den Kopf hängen lassen, ihre Tatkraft durch Ängste und sorgenvolle Gedanken lähmen lassen und freudlos dahinvegetieren. Dabei sollte doch gerade die Freude der ständige Begleiter des Lebens sein, das ohne Frohsinn und Zuversicht, Mut und Vertrauen nicht gedeiht.

FORD: Darum sollte alles, was Mut macht und das Vertrauen stärkt, was zur Lebensbejahung verhilft, gefördert werden.

TRINE: Schon deshalb, weil Millionen Menschen noch unter der Herrschaft der Furcht leben und dadurch der geistigen Energie und Lebenskraft den Zugang zu ihrem Bewusstsein versperren. Ein Mensch, der seinen inneren Mittelpunkt gefunden hat und aus dem Geist heraus lebt, kann nicht müde werden, schlapp machen und versagen – weder seelisch noch körperlich. Vielmehr wird er bis ans Ende mutig und freudig seinen Weg gehen. Jesus wusste um diese Kraft und um die Wirklichkeit des göttlichen Lebens in uns, wie sein Wort bezeugt: »Ich bin gekommen, dass sie das Leben und die Fülle haben.«

FORD: Womit wir auf die Forderung Jesu zurückkommen: »Sorget nicht für euer Leben! Sorget nicht für den anderen Morgen, sondern trachtet am ersten – also heute, hier und jetzt – nach dem Reiche Gottes in euch!«

TRINE: Wohl dem, der sein Denken und Leben auf dieser Grundwahrheit aufbaut! Ich bin sicher, dass man eines Tages den wissenschaftlichen Beweis für die Allgültigkeit der von Jesus aufgezeigten Lebenswahrheiten erbringen wird, dass die geistigen Gesetzmäßigkeiten einmal genau so exakt bewiesen werden wie die Naturgesetze und dass beider Einheit erkannt wird.

FORD: Wie ich schon sagte, glaube ich, dass Jesus als »alte Seele«, als unser »älterer Bruder« aus einer gegenüber der unseren unendlich umfassenderen Lebenserfahrung heraus sprach, die ihm seine Weisheit und dynamische Lebensüberlegenheit verlieh.

TRINE: Sie spielen damit erneut auf den Glauben der Wiedergeburt an, wenn Sie die Erfahrung als Sinn und Zweck der wiederholten Erdenleben ansehen und sagen, dass wir hier auf der Erde leben, damit wir fortschreitend im Geist wachsen und vollkommener werden, und so oft in neuer Gestalt wiederkehren, bis wir das Höchstmaß an Erfahrung, das auf diesem Planeten möglich ist, gewonnen haben.

FORD: Richtig.

TRINE: Dass Sie hier weiter sehen als andere, macht ein Wort von Ihnen deutlich, an das ich mich erinnere: »Ich glaube, dass unsere Individualität – der innere Kern unseres Wesens – niemals verlorengeht. In welcher Sphäre auch immer wir weilen mögen – das Bewusstsein unserer selbst und unser Vermögen schöpferischen Denkens und Wirkens bleibt unverändert erhalten, und jede neue Erfahrung veredelt unseren Charakter und bereichert unser Leben.« Habe ich es richtig wiedergegeben?

FORD: Genau.

TRINE: Und wie denken Sie über den Fortgang des Lebens nach dem Ablegen des jeweiligen Körperkleides? Ich denke da an den bedeutsamen Ausspruch Jesu: »In meines Vaters Hause sind viele Wohnungen.« Hat er damit vielleicht auf die Möglichkeit hingewiesen, dass wir nach diesem Erdenleben auf anderen Planeten wiedergeboren werden könnten – in einem Körper, der den dortigen Lebensbedingungen entspricht? Auf jeden Fall erscheint mir der Gedanke als ebenso beschränkt wie widersinnig, dass unsere kleine Erde in dem unendlichen Universum mit seinen Billionen Sonnenreichen und Lebenswelten der einzige von denkenden Wesen bewohnte Planet sei. Wie denken Sie darüber?

FORD: Das ist eine von vielen Möglichkeiten, über die wir nichts Endgültiges wissen. Der eine mag das Weiterleben nach dem Tod bezweifeln, ein anderer es in allen Einzelheiten schildern, ohne dass wir das Gegenteil beweisen könnten. Zweierlei aber scheint mir gewiss zu sein: einmal, dass wir mit unserem Bewusstsein zwar an die gegenwärtige Körperform und Lebensphase gebunden sind, zum anderen, dass wir mit Recht tief innerlich fühlen, dass die augenblickliche Phase nicht alles ist. – Und warum sprechen wir immer nur vom »gegenwärtigen Leben«, als wäre es vom künftigen getrennt? Das Leben wird uns immer, wann und wo wir auch sind, gegenwärtig sein. Und je bewusster es gelebt wird, desto lebendiger und umfassender ist es uns gegenwärtig. So gesehen gibt es kein »anderes Leben«, sondern immer nur dieses Leben, das immer weiter geht und immer vollkommener wird. Für das Leben gibt es kein Aufhören, kein Ende. Longfellows Wort: »Es gibt keinen Tod« ist kein poetischer Trost, sondern eine Lebenswahrheit. Das Leben ist unvergänglich. Damit haben Sie in wenigen Sätzen meine Meinung.

TRINE: Sie ist zugleich der Kern der Verkündigungen aller Religionen.

FORD: Mehr darüber zu sagen, erscheint mir unnötig. Ich erwarte, von Leben zu Leben weiterzukommen, jedes Mal mehr Erfahrung zu gewinnen und immer erneut Gelegenheit zu finden, sie zu verwerten und an allem zu wachsen. Ich erwarte, mein innerstes Wesen, mich selbst, in alle Ewigkeit zu behalten. Und ich erwarte, auch in künftigen Daseinsformen Lebensbedingungen vorzufinden entsprechend denen, die mir die Erde bietet. Und ich werde mich ihnen anzupassen wissen, wie ich mich hier angepasst habe. Das ist in der Tat, wie Sie sagen, der Kern meiner Religion und wohl aller Religionen. Wir wissen, dass es keinen Stillstand gibt, dass sich alles ständig erneuert und unaufhörlich weiterentwickelt. Je weiter wir kommen, desto reicher und vollkommener wird das Leben.

Trine: Ich bin glücklich über diesen Abschluss unserer Gespräche, in denen wir unsere Gedanken ausgetauscht haben über die geistige Energie oder göttliche Lebenskraft, die in allem Leben am Werke ist, über das Geheimnis des Erfolgs, die Sicherung der Gesundheit und den Sinn der Religion. Gleich Ihnen sehe ich das Geheimnis wahrer Lebensmeisterung in den beiden entscheidenden Faktoren der mutigen Lebensbejahung und der Liebe, die unter anderem in der gegenseitigen Dienstleistung zum Ausdruck kommt. Wer Liebe im Herzen und Mut in der Seele trägt, ist mit dem Leben im Bunde und wird vom Leben getragen und gesegnet. – Die Liebe erhellt unseren Weg und leuchtet zugleich auf dem Weg unserer Mitgeschöpfe. Und mutige Lebensbejahung entfesselt die Kraft in uns, die uns Stufe um Stufe höher trägt. Mit Liebe und Mut kommt ein Mensch immer und überall in der Welt voran – und am Ende öffnen sie ihm auf ihre eigene lichte Weise auch jenes Tor, durch das wir alle hindurch müssen. Sie geben ihm die beste Ausrüstung, die ihn allem gewachsen sein lässt, was ihm jetzt und in Zukunft, hier wie dort, begegnet. So haben Sie Recht mit Ihrem letzten Satz: *Je weiter wir kommen, desto reicher und vollkommener wird das Leben.*

Anmerkung des Verlags

Was im folgenden Essay als »Neues Denken« bezeichnet wird, heißt im Original »New Thought« und wird gewöhnlich mit dem Begriff »Neugeist« übersetzt. Das ist der offizielle deutsche Name dieser Bewegung, historisch gesehen, der unseres Erachtens der englischen Bezeichnung aber nicht gerecht wird. »Thought« ist der »Gedanke«, und so schwingt in »New Thought« sowohl das neu Gedachte als auch der Gedanke als etwas Dynamisches mit, das gefunden und entwickelt wird – durch eine wissenschaftliche Methode, die mit dem Fokus auf Denken, Visualisieren und Handeln arbeitet. Von einem »Geist« ist weit und breit nicht die Rede. Er müsste im Englischen denn auch »Spirit« heißen, was als »New Spirit« wiederum eher in Richtung neuen Lebensmutes ginge. Beim »New Thought« oder »Neuen Denken« gestaltet der Denkende selbst seine Welt. Er ist seine eigene Referenz, sein Bezugspunkt. Ein All-Beweger wird nicht geleugnet, ganz im Gegenteil, aber er spielt zunächst einmal keine Rolle. Der Denkende bewegt seine Welt selbst – und ist »lediglich« durch sein Herz und seine Emotionen mit dem All-Beweger verbunden, jener spirituellen Entität, die das gesamte Sein erfüllt und für die alles den gleichen Wert hat. Beim »New Thought« geht es darum, für sich selbst Neues zu denken … und durch Denken, Visualisieren und Handeln die Welt zu erschaffen, die einem am meisten entspricht.

Henry Ford mit seinem Modell T und dem Quadricycle,
mit dem 1896 alles begonnen hatte.

EINE KURZE GESCHICHTE DES NEUEN DENKENS

Nachwort von Charles S. Braden

»Neues Denken« ist der Name einer Bewegung, die gegen Mitte des neunzehnten Jahrhunderts in den Vereinigten Staaten von Amerika als Ergebnis von drei unterschiedlichen Weltanschauungen entstand. Während der ersten Hälfte des neunzehnten Jahrhunderts waren in Neu-England folgende Strömungen sehr verbreitet:

- das Orthodoxe Christentum (nach calvinistischer Deutung)
- der Sensualismus der Unitarier (gemäß John Lockes Erkenntnistheorie)
- der Transzendentalismus (Intuition als grundlegende Quelle der Erkenntnis)

Heftige liberale Reaktionen auf die überlieferte orthodoxe christliche Lehre, vor allem in der seinerzeit vorherrschenden calvinistischen Interpretation, hatten eine Kontroverse zwischen Unitariern und Trinitariern ausgelöst.

Diese Spaltung innerhalb der Congregational Church – der stärksten aller Glaubensgemeinschaften in Neu-England – führte schließlich zur Gründung der neuen unitarischen Kirche. Vor allem Intellektuelle hingen in dieser Zeit dieser Glaubensrichtung an.

Die Unitarier betrachteten die Bibel nicht als unfehlbares, in allen Teilen gleichermaßen von Gott inspiriertes Buch. Vielmehr betrachteten sie die Schriften als vorrangige Quelle des christlichen Glaubens und waren der Auffassung, man müsse diese Quelle genau wie jede andere Vorstellung, jeden anderen Gedanken und jede andere Erfindung mit Besonnenheit und Vernunft nutzen.

Den wichtigsten philosophischen Einfluss, der dieser Rebellion zugrundelag, übte dabei der Philosoph und Vordenker der Aufklärung John Locke (1632-1704) mit seiner Erkenntnistheorie aus. Er ging davon aus, dass der einzige Weg zu sicherer Erkenntnis durch die Sinne führe, daher wurde sein philosophisches System als »Sensualismus« bezeichnet. Dieses gedankliche Konzept geriet allerdings in direkten Widerspruch zum Idealismus, der behauptete, auch die bloße Intuition könne zur Erkenntnis führen. Diese Auseinandersetzung war nichts anderes als ein Anzeichen für den frühen Kampf zwischen den jetzt auftauchenden neuen wissenschaftlichen Entdeckungen und dem traditionellen religiösen Glauben.

Als Reaktion auf den Sensualismus der Unitarier entstand in Neu-England eine außerordentlich eloquente Gruppe, die man »die Transzendentalisten« nannte. Ihre eigentümlichen Vorstellungen von Intuition als grundlegender Quelle der Erkenntnis von Wirklichkeit, ihre Lehre, die besagte, das Wesen des Menschen sei im Kern göttlich oder besitze göttliche Eigenschaften, und ihre im Prinzip idealistischen Anschauungen von Wirklichkeit und vom Universum gelten gewöhnlich als starker Einfluss auf die frühesten Vertreter des Neuen Denkens.

Der Schriftsteller George Ripley (1802-1880), einer der brillantesten Köpfe der Gruppe, charakterisierte die Transzendentalisten als Menschen, »die an eine Ordnung von Wahrheiten glauben, welche die Sphäre der äußeren Sinne überschreitet«. Ihre Leitidee sei »die Überlegenheit des Geistes über die Materie«. Sie gingen davon aus, »dass die Wahrheit von Religion nicht von der Tradition oder historischen Tatsachen abhängig ist. Vielmehr ist unfehlbarer Zeuge der Wahrheit die menschliche Seele«.

Dabei bezeichneten sich die Transzendentalisten selbst gar nicht so. Sie bildeten eine sehr kleine Gruppe, die im Grunde wegen ihrer Persönlichkeiten weitreichenden Einfluss hatte. An den anfänglichen Treffen nahmen zahlreiche Menschen von Rang und Namen teil, neben George Ripley zum Beispiel auch Margaret Fuller, Ralph Waldo Emerson, Bronson Alcott, Orestes A. Brownson, Dr. Hodges, Theodore Parker, James Freeman Clarke und William H. Channing. Sie alle galten zu jener Zeit viel.

Doch die einzige gemeinsame Aktion, die sie als Gruppe durchführten, war die Gründung einer Zeitschrift mit dem Titel *Dial* – was sehr viel heißen kann, von »Zifferblatt« über »Einstellscheibe« und »Skala« bis hin zum Konzept des »Wählenden«.

Gemäß des Berichts von Octavious Brooks Frothingham, enthalten in seinem Buch *Transcendentalism in New England*, hatte die Philosophie der Transzendentalisten ihren Ursprung in Immanuel Kants Werk *Kritik der reinen Vernunft*. Sie bezog ihren Hang zum Mystizismus von Friedrich Heinrich Jacobi und erhielt den Anstoß zum Heroischen von Johann Gottlieb Fichte.

Vor allem die deutsche Literatur vermittelte der Gruppe ihre Philosophie, etwa durch Schriften von Goethe, Richter und Novalis, die in erster Linie der Schriftsteller und Historiker Thomas Carlyle (1795-1881) der englischsprachigen Welt zugänglich machte.

Obwohl diese Philosophie ihre größte Verbreitung in England und anderen Teilen Europas hatte, wo sie Dichtung und Kunst beeinflusste, war es Neu-England, wo aufgezeigt werden konnte, worin ihr Kern bestand und welche Thesen sie aufgrund alltäglicher Erfahrungen von Männern und Frauen verfocht.

Der Transzendentalismus machte für alle Männer und Frauen geltend, was die protestantische Christenheit nur den Auserwählten zugestand.

Von dem schreibenden Philosophen Ralph Waldo Emerson (1803-1882), der als wichtigste Geistesgröße unter den Transzendentalisten galt, erzählte man sich, er habe Krankheiten als eine Folge geistiger Unvollkommenheit bezeichnet sowie als Unvermögen, gründlich nachzudenken und dem Geist die Herrschaft über den Körper zuzugestehen. Allerdings hat er selbst diese Theorie nie wirklich in die Praxis umgesetzt.

In einem von Dr. Frederic Bailes (1889-1970) verfassten Artikel erfahren wir, dass Emerson als junger Mann unter Tuberkulose litt und ihm kaum Überlebenschancen eingeräumt wurden. Dennoch genas er vollständig von dieser Krankheit und wurde fast achtzig Jahre alt. Bailes räumt jedoch ein, dass Emerson seiner Einschätzung nach die eigene Heilung vermutlich nicht bewusst bewirkt hatte.

Im Allgemeinen begriffen die Transzendentalisten niemals so recht die logischen Implikationen des Transzendentalismus für die Heilung. Das sollten erst Phineas Parkhurst Quimby und spätere Mitglieder der »Bewegung des Neuen Denkens« erkennen und praktisch umsetzen.

Heilung funktioniert!

Interessanterweise entwickelte sich die Philosophie der »Bewegung des Neuen Denkens« zunächst als Rebellion, das heißt als Reaktion bewusst denkender Menschen auf eine engstirnige religiöse Doktrin, und fand ihre Fortsetzung in der Verschmelzung von wissenschaftlichen und philosophischen Idealen. Und dennoch stieß diese Philosophie später wegen der seinerzeit vorherrschenden wissenschaftlichen und philosophischen Denkweisen auf Ablehnung.

Bereits Jahrhunderte vor der christlichen Zeitrechnung zitierte Sokrates folgende Worte eines Arztes aus Thrakien:

> »Ihr sollt nicht versuchen …, den Körper ohne Einbeziehung der Seele zu heilen … Genau daran liegt

> es nämlich, dass den Ärzten von Hellas bei vielen Krankheiten nicht klar ist, wie sie diese heilen können: Sie wissen nichts über das Ganze, das untersucht werden muss. Aber ein Teil kann niemals gesunden, wenn das Ganze nicht gesundet.«

Und der Arzt fährt fort:

> »Lasst euch von keinem Kranken dazu überreden, seinen Kopf zu heilen, wenn er euch zuvor nicht seine Seele zur Heilung überantwortet hat … Denn das … ist in unseren Tagen der große Fehler in der Behandlung des menschlichen Körpers: Der Arzt trennt Seele und Körper.«

Petrus Pomponatius, ein Philosoph des 16. Jahrhunderts, versuchte zu beweisen, dass man Krankheiten auch ohne Verabreichung von Arzneien heilen könne – und zwar mit dem Mittel des »Magnetismus«, den geistvolle Menschen zu besitzen schienen. Demnach konnte man durch Vorstellungs- und Willenskraft auf Blut und Geist einwirken und so das beabsichtigte Ergebnis erzielen.

Auch der flämische Chemiker und Arzt Jan Baptist van Helmont (1580-1644) machte das Heilpotenzial menschlicher Vorstellungskraft geltend, das er als ein von der menschlichen Willenskraft gelenktes und heraufbeschworenes unsichtbares Fluidum betrachtete.

Im Jahr 1658 veröffentlichte der englische Naturphilosoph Sir Kenelm Digby (1603-1665) ein Buch, in dem er Heilungen durch nicht-medizinische Mittel mit Fallbeispielen belegte. Seiner Auffassung nach konnte die Vorstellungskraft aber nicht nur Heilung bewirken, sondern auch Krankheiten *verursachen.* Offensichtlich hatte es solche Heilungen wohl tatsächlich gegeben. Allerdings wusste man nicht, auf welche Weise sie erfolgt waren, deshalb war die Gemeinschaft der Wissenschaftler nicht empfänglich für diese Ideen und akzeptierte sie nicht.

Mehr als hundert Jahre später begann sich ein Medizinstudent in Wien namens Franz Anton Mesmer (1734-1815) für die Arbeit von van Helmont wie auch für die anderer Forscher auf diesem Gebiet zu interessieren, die das anwendeten, was man später als *Hypnose* bezeichnete. Mesmer ging es darum, die Existenz der außergewöhnlichen Kraft, die solche Menschen bei der Heilung einzusetzen behaupteten, entweder nachzuweisen oder zu widerlegen. Er nannte diese Kraft den »Animalischen Magnetismus«.

Mesmer und seine Anhänger erklärten dieses ungewöhnliche Phänomen in ihrer Theorie als ein geheimnisvolles Fluidum, doch andere vermuteten, die wahre Ursache für bestimmte Wirkungen liege in einer Vorgehensweise, die man heutzutage als »Suggestion« bezeichnet.

Ein gelehrter portugiesischer Geistlicher, Abbé Faria, zeigte sodann 1815 auf, dass für die Entwicklung eines Zustands der Trance kein Zusatz eines Fluidums nötig ist. Vielmehr, so Faria, liege die Ursache für eine Trance im Inneren des Patienten, sie werde also nicht von außen bewirkt. Es sei lediglich nötig, im Patienten eine starke Erwartungshaltung auszulösen.

Im Jahr 1841 experimentierte ein englischer Arzt namens James Braid mit der »Suggestion«. Er kam zum selben Schluss wie Abbé Faria: Demnach können Heilwirkungen tatsächlich Ergebnis von Suggestionen sein. Um sein Verfahren von dem nicht ausgereiften Theoretisieren der »Mesmeristen« zu unterscheiden, beschrieb er das Phänomen mit dem Begriff »Hypnotismus«. Er fuhr fort, die Hypnose als therapeutisches Mittel bei der Heilung von Krankheiten einzusetzen. Man kann das durchaus als Beginn der auf Wissenschaft basierenden Psychotherapie betrachten. Doch auch James Braid war bei seinen ärztlichen Kollegen nicht gut angesehen.

Etwa um 1860 gelang es Dr. Ambroise-Auguste Liébeault (1823-1904) in Nancy sowie anderen, die unter der Leitung des herausragenden Pathologen und Neurologen Jean-Martin Charcot (1825-1893) in dem Pariser Hôpital de la Salpêtrière arbeiteten, eine solide, seriöse Grundlage für den Einsatz von Hypnose zu schaffen, die schließlich weithin Beachtung und Akzeptanz fand und dann auch von anderen Ärzten in Europa verwendet wurde.

Vielleicht war das wichtigste Ergebnis bei der Untersuchung des Phänomens die Entdeckung des »Unbewussten« oder »Unterbewussten«, das durch längst vergessene, jedoch gespeicherte Erinnerungen und Eindrücke noch lange Zeit später die mentale und körperliche Gesundheit des Menschen beeinflussen kann. Man schloss daraus, dass viele körperliche Störungen mental bedingt sind und deshalb nicht mit physischen Methoden und chemischen Mitteln oder Arzneien geheilt, sondern durch andere mentale Therapien beseitigt werden können.

Die Mediziner bemühten sich in ihren Forschungen herauszufinden, welche Krankheiten durch mentale Störungen verursacht sind und mit Hypnose behandelt werden können. Und an diesem Punkt angekommen, schlugen sie einen anderen Weg als die religiösen Heiler des Geistes ein, die keine Diagnosen für nötig hielten. Wenn nämlich, wie sie glaubten, jede körperliche Krankheit in Wahrheit keine realen körperlichen Ursachen hat, spielte es keine Rolle, welche irreale, nur vom Geist ausgelöste Krankheit eine Heilung eben dieses Geistes brauchte.

Infolge spezifischer wissenschaftlicher Versuche und Erkenntnisse konnten die an der Praxis orientierten Männer der Wissenschaft den Einsatz mentaler Therapie als seriös akzeptieren. Ein Beweis für die Stichhaltigkeit ihres Verfahrens war für sie nun nicht mehr nötig.

Wahrscheinlich war der Heilpraktiker Phineas Parkhurst Quimby (1802-1866) – man betrachtet ihn nicht nur als möglichen Begründer der »Bewegung des Neuen Denkens«, sondern auch als potenziellen Initiator der gesamten esoterischen Bewegung in den Vereinigten Staaten von Amerika – anfangs nicht einmal mit dem »Unbewussten« oder der diesbezüglichen Forschung vertraut. Ursprünglich wohl nicht. Das, was er und andere zu spezifischen Ergebnissen beitragen konnten, brauchte er nicht mit einem Etikett zu belegen.

Phineas Parkhurst Quimby

Phineas Parkhurst Quimby kam am 16. Februar 1802 als eines von sieben Kindern eines Dorfschmieds in Lebanon

(New Hampshire) zur Welt. Als er zwei Jahre alt war, zog die Familie nach Belfast in Maine. Dort verbrachte er auch größtenteils sein Leben. Er starb dort am 16. Januar 1866.

Im Jahr 1888 kam ein Dr. Collyer in die Kleinstadt, um einen Vortrag zu halten und ein sonderbares Phänomen namens »Mesmerismus« vorzuführen, das ein Franzose namens Charles Poyan zwei Jahre zuvor in Amerika eingeführt hatte.

Bei seinen frühen Heilungen setzte Quimby den Mesmerismus ein, doch Abweichungen in seinen Beobachtungen führten ihn zu der Annahme, es müsse eine erheblich größere Wirkungskraft geben, die weder Trance noch ein Medium erforderte.

Seine Grundhypothese lautete:

> »Das Problem liegt im Geist, denn der Körper ist nur das Gehäuse, in dem der Geist wohnt. Wenn irgendein unsichtbarer Feind in deinem Geist falsche Auffassungen hervorgebracht hat, äußert sich das mit oder ohne dein Wissen in Form einer Krankheit. Mittels meiner Wahrheitstheorie kann ich eine Verbindung mit diesem Feind herstellen und dadurch deine Gesundheit und dein Wohlbefinden wieder herstellen. Das bewirke ich zum Teil auf mentale Weise, aber auch dadurch, dass ich so lange rede, bis ich den falschen Eindruck korrigiert und die Wahrheit in dir verankert habe. Und die Wahrheit bedeutet Heilung.«

Als Quimbys Arbeiten und Ideen besser bekannt wurden, betraf das auch die Essenz seiner religiösen Überzeugungen.

Anfänglich führte er seine Heilungen so durch, dass er mit Hilfe eines Mediums namens Lucius den Mesmerismus einsetzte. Später unterließ er das und nutzte die eigene Hellsicht für die mentale Behandlung. Wenn man seine Schriften las, verstand man auch seine religiösen Anschauungen. Er glaubte an die Wahrheit und nannte sie Weisheit – eine Weisheit, die unschuldig, ganzheitlich und umfassend war. Er sagte, sein Werk bestehe lediglich darin, einen geistigen Irrtum zu beseitigen, so dass sich die natürliche Weisheit offenbaren könne.

Vor allem vier Patienten Quimbys verbreiteten seine Ideen. Es handelte sich dabei um Annetta G. Seabury, Julius A. Dresser, Mary Baker Glover Patterson (später Mary Baker Eddy) und Warren Felt Evans.

Warren Felt Evans

Warren Felt Evans, 1817 in Vermont geboren, wurde 1839 methodistischer Pfarrer. Im Jahr 1863 konvertierte er zur Church of Jerusalem, die der theosophischen Lehre Emanuel von Swedenborgs (1688-1772) anhing, nachdem er selbst Schriften des großen schwedischen Mystikers gelesen hatte. Im selben Jahr begann er, an Veranstaltungen teilzunehmen, bei denen Quimby auftrat. Sein eigenes Leiden wurde dabei geheilt. Er traf sich mit Quimby und äußerte, er glaube, ebenfalls selbst heilen zu können. Quimby ermutigte ihn dazu, und 1867 eröffneten Evans und seine Ehefrau ein Büro in Boston, in dem sie mehr als zwanzig Jahre lang praktizierten und lehrten.

Evans war der Erste, der diese Lehren in schriftlicher Form der Öffentlichkeit zugänglich machte. Während seines Berufslebens verfasste er mehrere Bücher über die Wissenschaft mentaler Heilung. Er war sehr belesen, und seine eigenen Werke belegten, wie er in seiner Praxis mit den theologischen und praktischen Problemen umging, die mit den Feldern von Philosophie, Psychologie, Naturwissenschaften und Medizin zu tun hatten.

Gut möglich, dass er der Begründer der Vorstellung des »Mentalen Äquivalents« war. Darauf deutet seine schematische Darstellung der Phrenologie oder Seelenlehre des Gehirns hin. Auf das »Mentale Äquivalent« bezieht er sich auch in seinem Buch *Mental Medicine*. Bei seiner Arbeit setzte er außerdem das Handauflegen ein.

Warren Felt Evans und seine Frau schufen jedoch keine Institution, in der seine Lehren fortgeführt wurden. Er starb im Jahr 1889.

Horatio W. Dresser

Die Ehepartner Julius A. Dresser und Annetta G. Seabury waren die Ersten, die erfolgreich die Grundsätze des Heilens lehrten und das organisierten, was seither als »Bewegung des Neuen Denkens« bekannt geworden ist.

Ihre Arbeit begann 1882 in Boston und beruhte nach ihren Angaben auf »Quimbys System der mentalen Behandlung von Krankheiten«. Doch anders als Quimby, der seine Ideen darüber, auf welche Weise seine Behandlung wirkte, zwar schriftlich niederlegte, es aber nur sehr wenigen Menschen zum Lesen gab, fingen die Dressers im Jahre 1883 damit an, auf der Grundlage der von Quimby verfassten Manuskripte Kurse zu unterrichten.

Ihr Sohn, Horatio W. Dresser, veröffentlichte diese Manuskripte 1921.

Mary Baker Eddy

Die von Quimby behandelte und geheilte Mary Baker Eddy (1821-1910) war die Erste, die ein religiöses Amt aus der Heilung machte und im Laufe der Zeit die Bewegung »Christian Science« (Christliche Wissenschaft) organisierte. Im Jahr 1875 veröffentlichte sie das Buch *Science and Health* über Wissenschaft und Gesundheit. Darin präsentierte sie eine Philosophie des Heilens, die sie nach eigenen Angaben selbst »entdeckt« hatte.

Eine kleine Gruppe, der sie als Geistliche vorstand, fand sich zunächst in Lynn/Massachusetts zusammen und zog 1881 nach Boston um, wo die Grundlagen der Bewegung »Christian Science« entstanden.

Mrs. Eddys Behauptung, sie habe die mentale Wissenschaft »entdeckt«, war höchst umstritten. Allerdings wird gemeinhin angenommen, dass es vielleicht überhaupt keine Bewegung des Neuen Denkens gegeben hätte, wenn Mrs. Eddy sie mit eigener Arbeit nicht organisiert hätte. Viele ihrer Schülerinnen und Schüler verließen nämlich die Organisation, um sich neuen Aufgaben und Arbeiten zu widmen. Zwei der wichtigsten Personen waren Ursula Gestefeld und Emma Curtis Hopkins.

Ursula Gestefeld, am 22. April 1845 in Augusta/Maine geboren, gesundete auf bemerkenswerte Weise nach der Lektüre von *Science and Health*. Sie trat daraufhin Mary Baker Eddys Organisation bei und nahm ab 1884 an Schulungskursen teil. Bald darauf wurde sie selbst Lehrerin, konnte eine beachtliche Anhängerschaft verzeichnen und veröffentlichte ein eigenes Buch: *Ursula N. Gestefeld's Statement of Christian Science.* Obwohl sie das Verdienst daran vollständig Mary Baker Eddy zuschrieb, prangerte diese sie öffentlich an. Das veranlasste Gestefeld zu dem Schritt, sich in Chicago selbständig zu machen. Dort entwickelte sie eine Lehre namens »Science of Being«, also die Wissenschaft vom Sein, und im Laufe der Zeit die »Church of New Thought«, die Kirche des Neuen Denkens.

Emma Curtis Hopkins

Mehr als alle anderen Lehrenden beeinflusste die Schriftstellerin und geistliche Lehrerin Emma Curtis Hopkins (1849-1925) die Bewegung des Neuen Denkens. Anfangs, 1883, nahm sie Unterricht bei Mrs. Eddy. Im September 1884 wurde sie Redakteurin des *Christian Science Journal*, doch im November 1885 war ihr Name nicht mehr in der Zeitschrift zu finden. Die genauen Gründe für ihre Entlassung wurden nie bekannt. Angeblich hatte sie damit angefangen, sich neben Mrs. Eddys Schriften noch mit anderen esoterischen Werken, die man in den USA metaphysisch nennt, zu beschäftigen. Sie war eine unabhängige Denkerin mit ausgeprägtem Begriffsvermögen und der Fähigkeit, erfolgreich mit anderen Menschen zu kommunizieren.

In Chicago eröffnete sie eine eigene Zentrale, das Christian Science Theological Seminary of Chicago, allerdings ist der genaue Zeitpunkt der Gründung nicht bekannt. Wahrscheinlich geschah es im Jahr 1886. Zwei Jahre später schaltete sie eine Werbeanzeige, in der es hieß, sie werde ab sofort Patienten zur mentalen Heilung in ihrem Haus empfangen. Außerdem wurde darin ein Vortrag von ihr in der Kimball Hall angekündigt.

Erneut verurteilte Mary Baker Eddy sie daraufhin und warf sie mit Julius Dresser, A. J. Swartz und Mary Plankett in einen Topf. Von diesen behauptete sie, sie hätten ihr die von ihr ausgearbeiteten Lehren geklaut. Mrs. Eddy bezeichnete diese vier sogar als Quacksalber, die am menschlichen Geist herumpfuschten.

Nachfolgerinnen und Nachfolger

Emma Curtis Hopkins galt als »Teacher of Teachers«, als Lehrerin der Lehrenden, da viele ihrer Schülerinnen und Schüler später eigene Gemeinschaften des Neuen Denkens gründeten, in denen sie lehrten.

Die Liste der später öffentlich bekannten Personen, die in Chicago im Theologischen Seminar an ihren Kursen teilnahmen, umfasst Frances Lord, Annie Rix Militz (»Home of Truth Spiritual Center«) und Harriett Rix, Malinda E. Cramer (Mitbegründerin von »Divine Science«), Mrs. Bingham, bei der es sich um die Lehrerin von Nona L. Brookes, einer Mitbegründerin von »Divine Science«, handelte, aber auch Helen Wilmans, Charles und Myrtle Fillmore, die beide Begründer der »Unity School of Christianity« sind, Charles und Josephine Barton sowie Dr. Emily Cady, die Verfasserin des Unity-Lehrbuchs *Lessons in Truth*, sowie Ella Wheeler Wilcox, auch als Dichterin des Neuen Denkens bekannt, und nicht zuletzt Elizabeth Towne, die eng mit Wallace D. Wattles zusammenarbeitete und seine großen Schriften wie *Die Wissenschaft vom Reichwerden* herausbrachte, sehr viel später auch Ernest Holmes, den Begründer der »Church of Religious Science«.

Es entwickelten sich aber auch noch andere Gruppen unter dem Einfluss dieser Lehrenden, etwa die »Society of the Healing Christ«, organisiert von Dr. Thomas Parker Boyd, die »Christian Assembly«, beeinflusst vom Werk William Farwells, oder die »Christ Truth League«, geleitet von Alden und Neil Truesdell, sowie die »Church of Truth«, gegründet in Spokane/Washington von Albert C. Grier, einem früheren Pfarrer der Universalisten. Leiter des New Yorker Kirchenzentrums war Dr. Ervin Seale, während Frank Bruce Robinson der Begründer und Leiter der Kirche »Psychiana« wurde, die sich ebenfalls ausdrücklich das Neue Denken auf die Fahnen schrieb.

Während der 1930er und 1940er Jahre veröffentlichte und verkaufte Robinson (1886-1948) übrigens seine Vortragsreihe mit Hilfe von Werbeanzeigen in Zeitungen,

Zeitschriften und sogar auf Streichholzschachteln. Da man diese Manuskripte bei ihm bestellen konnte, wurde er bald als »Mail Order Prophet« bekannt, also als Prophet des Versandhandels. Damals trat die Literatur über Zusammenhänge des Neuen Denkens, die Lehrbuchcharakter hatte, ihren großen Siegeszug an.

Die Gespräche zwischen Henry Ford und Ralph Waldo Trine wurden in den USA im Jahr 1928 veröffentlicht, zu einer Zeit, als die Bewegung des Neuen Denkens einen ersten Höhepunkt erlebte. Die behandelten Themen stehen deshalb stark unter dem Einfluss ihrer oben genannten Vertreter und dem entwicklungsgeschichtlichen Hintergrund, den der Autor in seinem Essay erläutert. Es handelt sich zeitlich um die Anfänge dessen, was auch heute noch unter Begriffen wie Positives Denken und Kraft der Gedanken für das Persönlichkeitswachstum des Menschen immer wieder als unerlässliche Grundlage thematisiert wird.

Der vorliegende Essay wurde dem bisher nicht ins Deutsche übersetzten umfangreichen Buch *Spirits in Rebellion* entnommen, verfasst von Charles S. Braden, erstmals erschienen 1963 in Dallas/Texas.

Tipp #24 für dein spirituelles Unternehmen

Der neue Vertriebstrichter ermöglicht es deinem potenziellen Kunden, deine Dienstleistungen und Produkte kostenlos oder vergünstigt kennenzulernen.

LISA Der neue Trichter ähnelt dem alten, besteht im Gegensatz zu diesem aber nicht aus Verkaufen, Verkaufen, Verkaufen, sondern ermöglicht es deinen potenziellen Kunden, deine Dienstleistungen oder Produkte vorher kennenzulernen und auszuprobieren, was viel effektiver ist als ein bloßes Verkaufsgespräch, in dem du den Kunden davon überzeugen willst, wie toll dein Angebot ist.

Bei diesem neuen Ansatz interagierst du mit dem potenziellen Kunden. Du bindest ihn ein und ermöglichst ihm dadurch, dich wirklich kennenzulernen, und zwar, indem du ihm wertvolle Inhalte oder Produkte gibst, und das nicht nur als einmalige Kostprobe, sondern über einen längeren Zeitraum hinweg.

Während deine potenziellen Kunden den Trichter durchlaufen, bietest du ihnen immer und immer »wertvollere« Dinge. Sie kennen dein Produkt oder deine Dienstleistung und haben eine starke Resonanz dazu entwickelt. Kunden, die kein Interesse haben, fallen aus dem Trichter, alle übrigen haben sich »selbst selektiert«: Sie folgen dir weiter und bringen sich ein, weil sie Interesse haben.

Du hast es jetzt mit einer hochengagierten, hochinteressierten und kaufbereiten Personengruppe zu tun. Diese Kunden sind eher bereit, auch teure Produkte zu erwerben, weil sie viel Erfahrung mit dir haben und eine stärkere Resonanz zu dir aufgebaut haben als ein Kunde, der nur eine kleine Kostprobe bekommen hat.

Und hier liegt der große Vorteil dieses neuen Ansatzes: Ein Kunde, der schon einmal bei dir gekauft hat, wird mit hoher Wahrscheinlichkeit wieder bei dir kaufen. Indem du den neuen Trichter nutzt, kannst du Personen dazu bewegen, mit dir zu interagieren und dein Angebot kennenzulernen, ohne gleich Geld ausgeben zu müssen. (...)

> **Tipp #25 für dein spirituelles Unternehmen**
>
> Durch die moderne Technik können auch kleine Unternehmen wie ein Großkonzern geführt werden.

LISA Die Technik macht es uns möglich, uns mit Kunden zu verbinden, indem wir eine Beziehung zu ihnen aufbauen, die durch traditionelle Printmedien so nicht zustande kommen würde. Du kannst viel leichter und schneller eine tiefere und bedeutsamere Beziehung zu anderen aufbauen. Du kannst die Probleme deiner potenziellen Kunden kennenlernen und Lösungen anbieten, indem du einfach etwas auf einem deiner Social-Media-Accounts postest oder eine eMail versendest und sofort Reaktionen bekommst.

Gehst du auf die Bedürfnisse und Wünsche deiner (potenziellen) Kunden ein, kannst du dein Unternehmen und dein Angebot kontinuierlich weiter ausbauen. Berührst du andere mit deinen Gedanken und Überlegungen, verstärkt sich deine Verbindung mit diesen Menschen und sie fühlen sich wohler damit, mit dir zusammenzuarbeiten. In dieser Hinsicht hat sich die Welt für Menschen, die aus dem Nichts ein Unternehmen aufbauen wollen, sehr verändert.

CINDY Ja, das Internet ist die beste Möglichkeit, um deinen zukünftigen Kunden die Chance zu bieten, dich kennenzulernen. Mit den Jahren habe ich immer mehr und erfolgreicher Internet-Marketing betrieben. Als ich anfing, lief noch alles über den Postverkehr und Zeitungsannoncen. Letztere habe ich inzwischen völlig aufgegeben, weil es sich zur Geldverschwendung entwickelt hat.

Ich gab damals viel von meinem Marketing-Budget für Briefmarken und Druckkosten aus. Ehe ich meinen Blog einrichtete, kostete mich die Versendung jedes Rundschreibens ein kleines Vermögen! Ich bin so was von froh, dass es jetzt das Internet gibt! Früher hat es mich auch viel mehr Zeit gekostet, meinen Namen zu verbreiten, indem ich Broschüren und Kursankündigungen verschickte. (…)

Auch als eBook

Henry Ford
MEIN LEBEN UND WERK
Autobiografie eines modernen Unternehmers

256 Seiten, Hardcover, Leseband
Amra Verlag, € 19,95 [D]

ISBN 978-3-95447-163-8

Das oberste Ziel der Industrie ist die Produktion. Hält man sich dieses Ziel ständig vor Augen, so sinkt die Frage der Kapitalisation zu einer Angelegenheit gänzlich sekundärer Bedeutung herab, die in der Hauptsache die Buchhaltung angeht. Meine eigenen finanziellen Operationen waren stets überaus einfach. Ich ging von Anfang an von dem Prinzip aus, nur gegen bar zu kaufen und zu verkaufen. Ich hatte stets einen größeren Betrag von Barmitteln an der Hand, machte mir sämtliche Vorteile eines Diskonts zunutze und heimste die Zinsen meines Bankkontos ein. Ich betrachte eine Bank vor allem als ein Institut, in dem es sicher und bequem ist, sein Geld aufzubewahren. Die Minuten, die wir Konkurrenzunternehmungen widmen, bedeuten einen Verlust für das eigene Geschäft. Der richtige Ort, um ein industrielles Unternehmen zu finanzieren, ist die Fabrik, nicht die Bank. Damit will ich nicht sagen, dass ein Geschäftsmann nichts von Finanzen verstehen soll. Es ist aber besser, er versteht zu wenig als zu viel davon, denn wenn er zu viel von Finanzfragen versteht, wird er leicht der Versuchung erliegen zu glauben, dass es besser sei, Geld zu borgen, als Geld zu verdienen, und ehe er sich's versieht, wird er noch mehr Geld borgen müssen, um das erste zurückzuzahlen, und statt ein solider Geschäftsmann zu sein, wird er zum Geldnoten-Jongleur werden, der ständig einen ganzen Schwarm von Geldnoten und Wechseln in der Luft tanzen lässt.

Ist er ein geübter Jongleur, wird er diese Lebensweise einige Zeit durchhalten können: Eines Tages wird er aber unfehlbar danebengreifen, und dann wird der ganze schöne Schwarm über ihn herfallen. Produzieren darf nicht mit Spekulieren verwechselt werden. Nur zu viele Unternehmer neigen dazu, sich in Bankoperationen einzulassen, und allzu viele Bankiers mischen sich in das Unternehmertum ein. Die eigentliche Bedeutung von Unternehmertum und Bankwesen wird nur gar zu oft zum Schaden beider Elemente verwischt. Das Kapital muss aus der Fabrik, nicht aus der Bank fließen. Ich habe entdeckt, dass die Fabrik durchaus imstande ist, allen derartigen Anforderungen zu genügen; in einem Falle sogar, als es hieß, die Gesellschaft sei ernstlich um Barmittel verlegen, brachte die Fabrik auf Verlangen eine größere Summe zusammen, als irgendein Bankinstitut unseres Landes hätte kreditieren können.

Wir haben hauptsächlich negative Erfahrungen mit dem Bankwesen gemacht. Vor einigen Jahren mussten wir die Behauptung widerlegen, dass die Ford-Automobil-Gesellschaft der Standard-Oil-Gesellschaft gehöre. Der Bequemlichkeit halber erließen wir gleichzeitig die Erklärung, dass wir auch mit keinem anderen Konzern liiert seien und ebenfalls nicht daran dächten, unsere Wagen brieflich zu verkaufen. Voriges Jahr kursierte das Gerücht, wir hätten uns an die Wall Street auf die Jagd nach Geld begeben. Ich hielt es nicht der Mühe wert, das zu dementieren. Alle Gerüchte zu dementieren, erfordert viel zu viel Zeit. Wir zeigten lieber, dass wir kein Geld brauchten. Seither ist mir nicht wieder zu Ohren gekommen, dass wir von der Wall Street aus finanziert werden.

Wir haben nichts dagegen, sich Geld zu borgen, und wir sind auch nicht gegen die Bankiers. Wir sind nur gegen den Versuch, Geldanleihen anstelle der Arbeit zu setzen. Wir sind gegen jeden Bankmann, der das Unternehmertum als Ausbeuteobjekt betrachtet. Wichtig ist nur, Geld, Geldanleihen und Kapitalisation innerhalb angemessener Grenzen zu halten; und um das zu erreichen, muss genau überlegt werden, wozu das Geld benötigt wird und wie es sich abzahlen lässt. Geld ist nichts anderes als ein Produktionsmittel. Es ist nur ein Teil der Maschinerie. Ob man sich in einer schwierigen Lage hunderttausend Drehbänke oder hunderttausend Dollar borgt, bleibt sich gleich. (...)